极简进步史

人类在失控中拨快末日时钟

A SHORT HISTORY OF PROGRESS

[英]罗纳德·赖特〔Ronald Wright〕著

牛雨谣 译

中国科学技术出版社

·北 京·

A SHORT HISTORY OF PROGRESS by Ronald Wright, ISBN: 9781841958309
Copyright © 2005, Ronald Wright
Copyright licensed by Canongate Books Ltd.
The simplified Chinese translation rights arranged with Andrew Nurnberg Associates International Limited
Simplified Chinese translation copyright © 2023 by China Science and Technology Press Co., Ltd.
All rights reserved.

北京市版权局著作权合同登记　图字：01-2023-5182

图书在版编目（CIP）数据

极简进步史：人类在失控中拨快末日时钟 /（英）罗纳德·赖特（Ronald Wright）著；牛雨谣译 . — 北京：中国科学技术出版社，2024.1

书名原文：A SHORT HISTORY OF PROGRESS

ISBN 978-7-5236-0297-3

Ⅰ . ①极… Ⅱ . ①罗… ②牛… Ⅲ . ①文化人类学—通俗读物 Ⅳ . ① C912.4-49

中国国家版本馆 CIP 数据核字（2023）第 220138 号

策划编辑	申永刚　陆存月	
责任编辑	刘　畅	
版式设计	蚂蚁设计	
封面设计	奇文云海·设计顾问	
责任校对	张晓莉	
责任印制	李晓霖	

出　版	中国科学技术出版社
发　行	中国科学技术出版社有限公司发行部
地　址	北京市海淀区中关村南大街 16 号
邮　编	100081
发行电话	010-62173865
传　真	010-62173081
网　址	http://www.cspbooks.com.cn

开　本	880mm×1230mm　1/32
字　数	134 千字
印　张	6.5
版　次	2024 年 1 月第 1 版
印　次	2024 年 1 月第 1 次印刷
印　刷	北京盛通印刷股份有限公司
书　号	ISBN 978-7-5236-0297-3/C·247
定　价	69.00 元

谨以此书献给我的母亲，

雪莉·菲莉丝·赖特（Shirley Phyllis Wright）。

那是很久以前……
无人用犁撕裂土地，
或将土地分配占领，
也无人用桨横扫大海，
——海岸线即为世界的尽头。
聪慧的人们啊！
你们为自己的发明所害。
你们因自己的创造受难。
为何要竖起高耸的城墙将城市封起？
为何要为了战争和杀戮将自己武装？

——奥维德，《爱的艺术》第三卷

目 录

第 一 章

高更的疑思

法国著名画家、作家保罗·高更（Paul Gauguin）深受达尔文和其他维多利亚时期的科学家理论影响，自己一贯的宇宙论趋于崩塌。逐渐地，他陷入旋涡，无法自拔。在旁人看来，他行事疯狂，道德败坏，不可接近，简直难以理喻。

19 世纪 90 年代，高更逃离巴黎。他抛弃了家人，放弃了股票经纪事业，远渡重洋来到热带岛屿，画原住民少女，还和她们发生关系。像许多遇到问题终日惶惶不安的人一样，即使用酒精和鸦片麻痹自己，高更还是无法逃离自我。在他不安的内心深处，他一直渴望寻找一种"原始"的状态——原始的男人和女人，原始的人性，人类原初的、神秘的本质。就这样，他对本源的追求指引他来到了南太平洋的塔希提岛（Tahiti）和其他岛屿，那里立有十字架，法国的三色旗也在天空飘扬，但在高更的眼中，这个未经开化的世界如此纯净，还未走向堕落。

到了 1897 年，一艘游轮停靠在塔希提岛，给高更带来了噩耗：他最喜欢的孩子阿丽娜（Alina）因肺炎不幸离世。高更陷入巨大的绝望中，一连数月，他饱受疾病和贫穷之苦，甚至尝试过自杀。后来，怀着悲痛之情，这位艺术家创作了一幅巨型画作——与其说是画作，不如说是壁画[1]。在画中，他思考、找寻着存在之谜的答案，反映出了维多利亚时代的特征。他大胆地在画上写下了三句话作为标题，那是三个童言般简单而又深刻的问题：

> 我们从哪里来？
>
> 我们是谁？
>
> 我们要到哪里去？

这幅庞大的全景画作描绘出一个个富有神秘色彩的人物，人物的背后，可能是未开化的塔希提岛上的某处树林，或是无序的伊甸园。画中描绘有：朝圣者或是神；猫、鸟，以及正在休憩的山羊；一尊表情安详的神像，抬起的双臂似乎在分别指向远方；中间位置的人在采摘果实；人类之母夏娃，不像高更其他作品中的女性那样既纯洁又诱惑，而是一个形容枯槁的老妇人，她的眼睛部分像秘鲁的木乃伊一般；另一个人则惊讶地转头看向一对年轻人，他们，如高更所言，"竟敢思考自己的命运"。[2]

我想在此书中展开讨论的，是高更的第三个问题："我们要到哪里去？"这个问题似乎无法回答，毕竟，谁能预言人类将如何穿越时间的洪流，又将去向何方呢？然而，或许我们可以先回答前面两个问题，以此粗略窥探第三个问题的答案。如果我们能够清楚地了解我们是谁，以及我们曾完成了什么，就可以识别出在漫长的人类发展史中，在灿烂多元的文化体系下，那些一直蕴藏着的人类行为。当了解了这些，我们就能看到，我们可能会做什么，并可能将从当下去向何方。

我们的文明就像一艘巨轮，它承载着所有祖先的意志，正高速驶入未来之海。它行驶得越来越快，越来越远，负载也越来越重。也许我们无法避开海面下的每一处暗礁，也无法预见行驶中遇到的每一次危险。然而，如果我们能读懂罗盘方位、看清行进方向、掌握船体设计、翻阅安全记录，并对水手们的能力都有所了解，那么我们也能驶出一条较为明智的航线，绕过冰山，穿越海峡。

我们需要这样做，我们也必须马上这样做。身后已是沉舟累累，我们是历史长河中最为壮观的巨轮，同时也是世间仅存的文明方舟。自人类进化出智慧以来，我们和其他所有的生物一样，都通过"尝试，犯错，再尝试……"如此这般在这颗星球上闯荡，逐渐站稳脚跟。可我们终究与其他生物不同——整个人类文明的存在是如此巨大，牵一发而动全身，以至于如今"试错"已经成为一种奢侈，"改错"成本太高，地球再承受不了人类犯下什么大错了。在这种情况下，人类的未来是好是坏，完全取决于当下的决策是否明智。

虽然20世纪发生了一些重大变故[1]，但大多数处于西方文化体系下的人仍相信自维多利亚时代以来的进步思想。历史学家西德尼·波拉德（Sidney Pollard）在1968年对这种进步思想做了简要定义："人类的历史存在一种变化规律……这种变化是单向

---

[1] 指第一次世界大战和第二次世界大战。——译者注

的，不可逆转的，始终朝向更好的方向，趋于完善。"[3]

地球上能出现人这样具有思想的生物，本身已经表明，进步是一种自然法则——哺乳动物比爬行动物敏捷，猿猴比牛聪明，而人类是最聪明的。我们是技术型文明，意味着我们用技术发展衡量人类进步——棍子比拳头先进，箭又比棍子先进，子弹则比箭更先进。这一信念源于实践：新技术总能带来更好的结果。

波拉德指出，物质进步的概念是最近才兴起的，"近三百年来才有意义"，[4] 而这与科学和工业兴起、传统行业随之衰落有着密切的联系。[5] 自那时起，人们不再像以往那样重点关注道德进步，而开始将道德进步视作物质进步的衍生品，比如文明人与野蛮人相比，不仅体味更清新，举止也更得体。这种观点在历史事实面前显然站不住脚。下一章我们讨论什么是"文明"的时候，会再来谈谈这个观点。

我们对进步的信仰已逐步演变为一种意识形态。进步思想曾批评传统宗教总是选择性忽略自身的某些缺陷，以此挑战传统宗教。如今进步思想也好像变成了一种世俗宗教，在人类学的角度上成了神话般的存在。我并不是说对进步的信仰是脆弱、不实的。成功的神话总能吸引一众听众，且总有一些神话是真的。我曾经在其他文章中写道，"神话是对过去所发生的事情的改编，不论它是真实的还是虚构的，都能强化文明中最深层的价值观，并表达出文明最强烈的愿望。神话中尽是人类对生死意义的思索。神话是指引文明在时间洪流中穿梭的地图"。[6]

有时候，进步神话对我们很有帮助——毕竟一部分人一直在争夺最好的资源——而且也有可能继续给我们帮助。但我想在这本书中聊一聊，为何有时进步神话也隐含着危险。进步存在一种内在逻辑，能够让失去理性的进步导致灾难。面前那条充满诱惑的成功之路，可能到头来却是陷阱。

且拿武器作例。自中国人发明火药以来，人类在制造爆炸物方面取得了跨越性的进步：从鞭炮到大炮，从烟花到烈性炸药。而当烈性炸药发展到极致的时候，原子弹从"进步"中诞生，令世界胆寒，带来毁灭性的威慑和打击。这样看来，这方面的进步似乎过了头。

几位制造出原子弹的科学家早在 20 世纪 40 年代就意识到了这一点。他们向政治家和其他要员们发出警告，必须要毁掉这种新制造出的武器。爱因斯坦写道，"原子碰撞释放出的力量已改变了除思想以外的一切事物。我们正滑向不可挽回的惨烈深渊"。几年后，肯尼迪总统也说，"如果人类不终结战争，那战争终将终结人类"。

20 世纪 50 年代，那时候我还是个孩子，人类已经在武器装备方面取得了太多的进步，其阴影已笼罩了整个世界。日本的广岛、长崎两座城市被摧毁，诸多太平洋岛屿生灵涂炭，人间蒸发。一晃已过去了六七十年，我们的生活仍被武器蒙上一层黑暗，久久不散，有太多与此相关的描述和讨论了，这里不再赘述。[7] 我想表达的是，武器技术在这颗星球上不断发展，如今又反过来威胁着要毁灭世界，而它只是人类进步过程中第一个——且远非最后一个——陷入僵局的领域。

当时，武器的进步陷阱仅被看作是一种反常现象，在除此以外的其他领域，比如核能发电，或是化学杀虫剂，人们普遍信心十足，坚定地认为只要一直进步，情况就会越来越好。在一条 20 世纪 50 年代的吸尘器广告中，一位面带微笑的"1970 夫人"从该品牌购买了一台先进的吸尘器，提前享受着美好的未来世界。每一年，汽车看起来都和前一年的不同（哪怕并没有什么实质改变），女孩们在广告中充满节奏感地喊，"我们的车更大！更宽！更长！"那时候，汽车制造商热衷于把更大的东西当作更好的东西卖出去，现在也一样。而在世界上的非西方文化地区，那些被看作"落后"遗迹、后被称为"第三世界"的广大国家在超级大国的夹缝中求生存，农民们给庄稼喷洒大量的滴滴涕（DDT），从终日驱除害虫的工作中解脱出来。不论是在何种社会制度的语境下，现代化都意味着无限、无休止地进步。

苏联轰然解体，很多人在震惊之余宣称，世上只有一种真正的进步方式。1992 年，美国国务院前官员弗朗西斯·福山（Francis Fukuyama）宣称，资本主义和民主即为历史的"归处"——不是途经的某个目的地，而正是历史的目标所在。[8] 怀疑论者则指出，资本主义和民主二者并不一定同气共类，比如纳粹德国，以及全世界那些剥削、专制的工厂集群，就并不同时满足这两个条件。但福山天真的胜利主义思想也加强了一些人，主要是政治右翼群体的信念，即，为了他们自己的利益，那些没有选择正确道路的人应该致力于资本主义与民主的目标——必要时也可以通过武力迫使他们这样做。从这个角度，以及从实现自我利益方面来看，当前进步的意识形态很像过去帝国的传教活动，比如7世纪的伊斯兰教，16世纪的西班牙，以及19世纪的英国，等等。

自从冷战结束后，我们总算暂且遏制住了核武器妖怪的兴风作浪，但还没能将其彻底塞回瓶子里封印起来。现在，我们正让更多更强大的力量释放出来，比如网络技术、生物技术、纳米技术，等等。人们总觉得使用这些工具能产生积极的效果，但事情最后究竟会走向何方，我们也无法预料。

而目前来说最直接的威胁，不是别的，正是人类自己产生的垃圾。污染和大多数技术性问题一样，都是规模性问题。比方说，煤炭和石油算是两个"脏兮兮"的老朋友了，但如果我们能够减小规模、逐步有序地排放废气，环境也是能够承载这些污染的。可是看看现在，太阳落山后，夜半球灯火辉煌，处处都是璀璨的不夜城，面对如此大的能源消耗和污染，地球又能承受多久呢？

亚历山大·蒲柏（Alexander Pope）曾不无傲慢地说："有点学问是件挺危险的事。"后世的托马斯·赫胥黎（Thomas Huxley）也问，"要是一个人拥有这么多东西，他又怎么会安全呢？"[9]使用技术是会上瘾的。物质的进步会带来一些新问题，而这些问题需要通过继续进步才能得到解决，或只能说，有可能得到解决。

同样地，这里说的"危险"也是相对于规模来谈的，一次小规模的爆炸可能很有用，要是规模太大，就会毁灭整个世界。[1] 这些问题看起来像是现代社会独有的，因为我刚刚举的例子与工业技术的发展有关。其实，虽然那些足以毁灭世界的进步到现代才出现，但早自石器时代，每当进步的规模达到一定程度时，曾为人类带来利益的技术就会变为魔鬼，等着人类落入它设下的陷阱。这魔鬼一直困扰着我们，每当我们向自然界进军时，它就会冒出来，打破睿智和鲁莽、需求和贪婪之间的平衡。

旧石器时代的猎人最开始只能杀死一头猛犸象，后来学会了杀死两头猛犸象，这说明他们进步了，变得更强。其中有些猎人驱赶一大群猛犸象掉下悬崖，一次性杀死了足足有 200 头猛犸象。他们在山上舒舒服服地生活了一段时间，后来因为没有食物饿死了，这说明他们的进步过了头，毁灭了自己。

在地球上的沙漠和丛林中，散落着很多文明遗址，它们是进步陷阱的纪念碑，也是那些被自己的成功所害的文明的墓碑。这些文明曾经强大过，具有复杂的社会结构，有过极为辉煌的时刻，却仍然逃不出覆灭的命运，这给我们留下了非常深刻的教训。他们的遗迹正如搁浅在进步沙滩上的船骸一样——或是用个现代些的比喻来说，就像是坠毁的飞机，我们可以破译每架飞机的黑匣

---

[1]　这里的爆炸应指核能，小规模可控的核反应可用作发电，大规模使用核武器则会对世界造成毁灭性影响。——译者注

子，找到问题出在哪里。在这本书中，我想破译一部分这样的"黑匣子"，去看看他们的飞行计划、机组人员选择，以及飞机设计等方面有什么问题，避免我们重蹈覆辙，陷入相同的悲剧。当然了，我们的文明毕竟与之前的文明有所不同，但其中的差异并没有我们以为的那么多。所有的文明，不论是过去的还是现在的，都在动态变化着，即使是发展速度最慢的文明，从长远来看，也一直在进步。每件事的具体细节可能有所不同，但是站在历史的角度来看，我们就会发现这些事的发展模式总是十分相似，未来的错误居然能被预测，这太令人震惊了。同时，我们也应该振奋起来。想想看，这样一来，我们就能够通过过去的事实，更好地理解现在遇到的问题了。就像高更一样，我们通常喜欢把很久以前的世界想象成纯洁无瑕，未受半点污染的样子，认为人类从天堂堕落之前，生活得简单而富足。"伊甸园"和"天堂"这两个词在人类学及历史学的畅销书中经常被提及。伊甸园，对一些人来说，象征着农业社会之前的世界，即狩猎和采集时代；对一些人来说，是哥伦布发现新大陆之前的世界，那时白人还未踏足美洲大陆；对更多的人来说，则代表着工业革命前的世界，机器还未轰鸣，日子总是宁静而漫长。在人类历史中，有美好的时光，也有难熬的日子，但是，是人类一次又一次地损毁自己的居所，自己将自己逐出了伊甸园。如果我们真的想要生活在伊甸园中，我们就应该建造、共享、照顾好我们的地球家园。

回到高更的第一个问题："我们从哪里来？"高更也许会同意

G. K. 切斯特顿（G. K. Chesterton）的观点——"不管人是什么，都是个例外……如果人不是神的堕落，就只能说是一种动物完全换了个脑袋。"[10] 这 500 万年来，猿猴是怎样一点点换了脑袋变成人的？如今我们已经了解很多这方面的知识了，所以也很难想象，当年达尔文的进化论横空出世时，世界受到了怎样的震撼。1600 年，莎士比亚在《哈姆雷特》中感叹道："人是一件如此了不起的杰作！理性多么高贵！力量多么宏伟！……行为就像天使！智慧就像上帝！"[11] 观赏莎翁戏剧的观众也许会赞同哈姆雷特对人性的惊叹、蔑视及嘲讽，但很少会有人，也许有那么一两个吧，会怀疑人是按照《圣经》上的说法制造的——"神说，我们要照着我们的形象，按着我们的样式造人。"他们选择忽略那些有关性别、种族和肤色的神学问题。"上帝是黑人还是白人？他有肚脐吗？他身体的其他部分又是怎样的？"这些问题禁不住仔细推敲。我们与猿猴的亲缘关系现在看来非常明显，但过去却没人发现。就算在当时的欧洲，有寥寥几人看出人和猿猴有点相似，他们也只会觉得猿猴只是在模仿人罢了，想不到它们可能是人类的表兄弟，或是人类的祖先。

在 1600 年，大多数人都相信，所谓的科学方法只是点亮了上帝设置的大时钟，因为上帝想让更多人分享对其创造的赞美。伽利略关于天体结构的研究像是随时会引爆的炸弹一般令人不安，他的学说在当时无法被证实，也不被世人接受（哈姆雷特仍坚持哥白尼学说之前的宇宙观，认为宇宙是"一项壮丽的悬着的苍穹"）。在当时，圣经信仰和实证研究之间已势如水火。而很多震惊世界的秘密，如地球的年龄、动物和人类的起源、天体的形状和规模等，仍未可知。大多数人对牧师和女巫的敬畏远远超过对自然哲学家的敬畏，虽然这三者之间的界限也很模糊。

根据《圣经》中对人的定义，以及"同类互知"的普遍说法，哈姆雷特认为自己知道人是什么，在之后二百年的时间里，西方人仍认为他们知道自己是什么。直到 19 世纪，地质学家意识到，某些岩石、化石和沉积物的年代非常古老，已经远远超过《圣经》中的纪年，他们才开始对人类的起源产生了理性的怀疑。有些文明，尤其是玛雅文明和印度文明，认为时间是无限广阔的，但是我们的文明则将时间的起始框定在非常小的规模中。莎士比亚戏剧《皆大欢喜》（*As You Like It*）中的罗瑟琳（Rosalind）感叹道："这可怜的世界已差不多有六千年的历史了。"[12] 这里对于时间长度的估计显然来自《旧约》中描述的宗法时代、"生产"，以及其他相关的内容。在罗瑟琳发出感叹之后的半个世纪，阿玛（Armagh）大主教乌舍尔（Usshe）及与他同时代的约翰·莱特富特（John Lightfoot）指出了创世记中提到的非常时刻。莱特富特宣称，"人是由三位一体的上帝创造的"，"就在上午 9时，10 月 23 日，公元前 4004 年"。[13]

之前从未有人这样精确地规定这一时刻，但犹太教和基督教时间观的基石始终是：地球很年轻。从创造到审判，从亚当到末日，人们经历了一段短暂而又不可逆流而上的单程旅行。对于这种说法，牛顿和其他一些思想者逐渐产生了怀疑，但缺乏确切的证据或方法支持。到了 19 世纪 30 年代，年轻的查尔斯·达尔文正坐在贝格尔号上环游世界，而查尔斯·莱尔（Charles Lyell）①发表了他的著作《地质学原理》（*Principles of Geology*），论述地球如何逐渐改变自己，如今这一过程仍在进行当中，因此地球的年龄应该和牛顿说的——十来倍于《圣经》规定的年龄——一样古老。[14]

在英国维多利亚女王统治时期，可追溯的地球年龄越来越靠前，短短几十年间，地球已经"变老"了数百万年——这样长的时间长度，可以充分容纳达尔文的进化机制，以及越来越多从世界各地挖掘出来的考古学研究，比如在南肯辛顿（South Kensington）和水晶宫（the Crystal Palace）展出的巨型蜥蜴及前额低平的古人类化石。[15]

1863 年，莱尔出版了一本名为《人类古代的地质学证据》（*Geological Evidences of the Antiquity of Man*）的著作，而在 1871 年，达尔文出版了《人类的由来》（*The Descent of Man*）一书（距离他出版《物种起源》一书过去了 12 年）。他们的学说被狂热的粉丝广泛传播，第一个就是托马斯·赫胥黎（Thomas Huxley），他在与威尔伯福斯主教（Bishop Wilberforce）辩论时，说他宁愿承认一只猿猴是他的祖先，都不愿意当一个忽略真理

①　查尔斯·莱尔，地质学鼻祖，19 世纪英国著名的地质学家。——译者注

的神职人员。[16]哈姆雷特的感叹，"人到底是什么？"已切实变成了一个问题。就好比小孩子问家长，"我从哪里来？"家长常说，"是送子白鹳把你带到这个世界来的"①，但再长大一点，孩子就不会满足于这个答案。大众曾经相信旧的神话故事，但慢慢接受教育后，也开始怀疑这些故事的真实性。

当高更在 19 世纪末绘制这幅惊世杰作时，画中前两个问题的答案已经基本成型。居里夫人及其他从事放射性物质研究的科学家正着力探究岩石中的元素，这些元素的衰变速度可以被测量，它们就像是大自然的计时员。到 1907 年，物理学家博尔特伍德（Boltwood）和卢瑟福（Rutherford）向世人证明，地球的年龄不止以百万年计，而是以数十亿年计。[17]考古学也有了新发现，那就是即使在哺乳动物中，智人属也是很晚才有的。当早期的猪、猫、大象等哺乳动物在大地上行走，鲸鱼由走路变为潜入海中游泳时，人类还远未出现，很长时间后才有人类的踪迹。"人类，"H. G. 威尔斯（H. G. Wells）写道，"只不过是后起之秀"。[18]

是什么让人类发展得如此非凡，有别于其他生物？最特别的一点是我们"利用"了自然进化法则，通过语言，将文化一代一代传递下去。"人类的话语，"诺思罗普·弗莱（Northrop Frye）从另一个角度说，"是引发无序与混乱的力量。"[19]语言的影响是

①　送子白鹳是西方广为流传的神话，西方人认为白鹳鸟爱家，照顾子女，因此赋予它迎接新生命到来的美好寓意。——译者注

空前的，复杂的工具、武器、精心策划的行为，借由语言得到说明与流传。以此类推，一些非常简单的技术都可能带来巨大的影响。比如说，人类生活中最基本的服装和住所，让我们能够适应从热带到苔原的所有气候。创造我们的环境本身具有一些限制，而我们能摆脱这些限制，并开始创造我们自己的生活。

虽然我们成了自己设计出来的实验品，但要知道，我们其实对整个设计过程一无所知，更不知道后果是什么。人类进化繁衍了十万代，几乎是在梦游着进步，直到最后这六七代人，才朦胧地意识到自己在做什么。很久以前，大自然打开了进化实验室的大门，开了灯，把几只猿猴关进去，任由他们（那就是我们）在实验室里捣乱，添加新成分，随便做点实验，慢慢累积下来，实验对我们和对世界的影响都发生了质的改变。列举一下，从远古时代到现在依次有：锋利的石头、动物皮毛、用作工具的骨头和木头、野火、驯服火、食用种子、种植种子、房屋、村庄、陶器、城市、金属、车轮、爆炸物……在整个过程中，最令人震惊的是变化在不断加速，发展越来越失控，或者换种说法，整个时间系统好像都被人类打破了。从第一块被敲碎的石头到第一块被冶炼的铁，人类花了近三百万年；可是从第一块铁到第一枚氢弹，人类只花了三千年。

旧石器时代从近三百万年前出现可以制造工具的人类开始，到约一万两千年前随着最后一次冰河时期的结束而结束，覆盖了人类历史 99.5% 以上的时间。而在旧石器时代的大部分时间里，人类进步的速度缓慢至极。从石制工具的制造程度来看，在漫长的年代中，人类的下一代总是重复着上一代做过的事，周而复始，停滞不前。起初，发展一种新的风格或是新的技术可能需要十万年；而后，文化渐渐分化，开始自我更新，可能只需一万年就能获得较大的发展；之后，取得跨越式发展可能只需要几千年，然后是几个世纪……文化的发展促进物质的进步，反之亦然，形成一个反馈循环。

如今，我们的社会已经到达了这样一个阶段：人在童年时学到的技能和其他东西，到 30 岁就已经过时了；到了 50 岁，即使人们努力想要跟上自己的文化，比如流行语、风格、口味、技术等，能做到的人也是少之又少——这正说明我们在取得进展。绝大多数旧石器时期的人根本就不会注意到文化在改变，一个人出生时进入的世界和去世时离开的世界是相同的。当然，他们一生中会有一些事来来去去，比如饱餐盛宴、忍受饥荒、当地斗争的胜利，或是遭遇灾难，等等，都有可能发生。但整个社会的模式基本不变，一直沿用同一种做事方式，同一个神话，同一种词汇体系，同一套故事——以前怎样，现在还怎么样。

我刚刚说的情况也有例外，比如说，远古时期第一次使用火的那一代人，应该会意识到世界发生了一些改变。但是这个改变的过程究竟有多快，我们也不得而知，即使是传说中的普罗米修斯盗火，也不知道他究竟有多迅速。最有可能的是，人类最初仅直接使用野火，或者火山周围的火，但不会保存火，就这样过了很久。后来，人类学会了保存火，又维持了很长一段时间，直到人类发现如何生火。有些读者可能会对 1981 年的电影《火之战》（*Quest for Fire*）有些印象，电影中，瑞伊·道恩·冲（Rae Dawn Chong）只着一层薄薄的泥土和灰烬，轻盈地穿梭于各处。这部电影根据比利时作家 J. H. 罗斯尼（J. H. Rosny）1911 年出版的小说改编，[20] 原著名为《为火而战》（*La Guerre du Feu*）。与电影相比，原著更注重于描述不同人类群体之间如何为了独享火源而以命相搏，这与现代国家为了垄断核武器而相互竞争别无二致。在冰河时期极为漫长和寒冷的数百个世纪中，当我们的祖先只能保存火而不能制造火时，熄灭对手的篝火就是大规模的谋杀。

首次驯服火的确切时间很难确定，但能确定的是，人类至少在距今 50 万年前，甚至可能在一百万年前，就开始使用火了。[21] 那时是直立人（Homo erectus）的时代，他们颈部以下与现代人相差无几，但脑容量仅为现代人的 2/3。为了定义此进化阶段，人类学家们仍在争论直立人首次出现的时间，以及他们是何时被取代的。对于直立人有多少思维和语言能力，更是众说纷纭。

现代猿的大脑比直立人的小得多，它们能使用简单的工具，广泛了解药用植物，并能在镜中认出自己。一些使用非言语语言（如计算机符号、手语等）的研究表明，猿类可以记住几百个"单词"，但这种能力如何作用于同伴间的野外交流，仍然存在分歧。就像人类会将不同的文化代代相传，同一物种的不同群体——例如非洲不同地区的黑猩猩——也有着不同的习惯和传统。简单来说，猿猴有着文化的雏形，其他较聪明的生物，比如鲸鱼、大象和某些鸟类，也是如此。但只有人类能够超越环境以及物质限制，并将文化作为进化的主要驱动力。

人与猿在大约五百万年前分化。又过了二百万年，人开始制造并使用粗糙的石器。不要低估直立人的能力，当五十万年前他在篝火旁坐下，温暖那长满老茧的双脚时，他已在从古猿到人类的道路上跋涉了足有十分之九的路程。人类驯服火后，种群数量达到了第一个高峰，因为在很多环境中，火都让人类更易生存，比如说，火可以让居住的山洞保持温暖，也可以驱赶大型的食肉动物；烹饪和烟熏大大丰富了食物的供应，而焚烧灌木丛则扩大了猎物的放牧地。现在，人们认识到，在那些曾经的古代狩猎－采集者聚居地附近，比如北美大草原和澳大利亚的内陆地区，许多所谓的野生景观，实则都是远古人类故意放火形成的。[22] 著名人类学家和作家洛伦·艾斯利（Loren Eisley）写道："人类自身就是一团火焰。他烧毁了动物世界，并将巨量的蛋白质储备占为己有。"[23]

专家们一致同意的最后一件大事就是：非洲是直立人的发源地，也是所有早期人类的共同家园。百万年前，直立人生活在"旧世界"（与非洲毗连的欧亚大陆）的几个温带和热带地区。即使直立人驯服了火，总体数量也并不多，大概只有不到 10 万人，以家庭为单位分散居住——在人类进化失败和如今的 70 亿人之间，就只有这不到 10 万人。[24]

在直立人之后，进化论的道路不再似之前一般明晰，而是变得泥泞，出现了诸多与人类学主流学说相悖的假说。其中，"多地区起源论"认为，直立人通过基因扩散，即与陌生人交配，在偶然情况下演变成了现代人类。这种观点似乎与许多化石的发现相吻合，但又与 DNA 相关的研究产生了一定的冲突。另一个假说，"非洲起源论"则认为，大多数进化都发生在非洲大陆，而后又在其他大陆爆发。[25] 在这种观点中，经过连续进化、更新的人类物种一波又一波地替代了各个地区原有的人类，直到所有的低等人都消失。这一假说意味着，每一波从非洲走出的人类都是一个独立的物种，与之前的同类后代有生殖隔离，无法进行繁衍。该假说的弱点在于，如果前后两代人在进化前长期没有接触，则还有可能合理，但如果时间跨度较短，可能性就比较低了。[26]

有关人类进化之路的争论在谈起尼安德特人时达到鼎沸。他们是我们的表亲（这一点仍存在争议），曾在人类进化旅程的最后二十分之一的时间里短暂地存在过，主要生活在欧洲和亚洲的西北部。如果今天，某块冰川融化，尼安德特人中的"高更"从中苏醒过来，他可能也会问："我们从哪里来？我们是谁？我们要到哪里去？"事实上，关于他的学名是"尼安德特人"还是别的什么，学界尚未完全统一，所以他得到怎样的答案，就取决于醒来之后遇到的人怎样回答了。

根据大致推测，尼安德特人约在距今十三万年前出现，距今约三万年前灭绝。虽然前者的时间并没有后者精确，但尼安德特人似乎与克罗马农人在同一时期存在过。克罗马农人被认为是现代人的祖先，居住在迷人的南法多尔多涅地区的岩洞中，那里有世界上最丰富的人类化石记录。

尼安德特人一经发现就成了一些人的攻击对象，我称这些人为"古种族主义者"。尼安德特人被矮化为一种低等的、愚蠢的人类，在卡通片里以穴居人的形象出现。威尔斯称之为"可怖的人"，猜想他们有着难看的外貌："毛发极浓密，丑陋……面部令人作呕……低矮的前额，甲虫一般的眉毛，猿猴一样的脖颈，低矮的身材。"[27]还有人称尼安德特人是食人族，这可能是真的。后来出现的人类也有长久的食人记录，一直到现代。[28]

1856 年，第一具尼安德特人的骨架在德国杜塞尔多夫附近一个山谷的洞穴中出土。这个山谷以作曲家约阿希姆·纽曼（Joachim Neumann）的姓氏命名，纽曼还特意把自己的姓用希腊语写成"尼安德"（Neander）。若将希腊语转为英语的话，尼安德特人（Neanderthal）就是"山谷中新出现的人"（Newmandale）。① 这个名字再合适不过了，山谷里的确发现了一种新的人类，虽然已经至少有三万岁了。尼安德特人并没有立即得到世人的承认。法国人注意到尼安德特人的头骨厚度，认为这是德国人的头骨。而

① Newmandale 是三个单词的组合：new 新，man 人，dale 山谷，意为在该山谷中发现的新人种。——译者注

德国人又说这更像斯拉夫人的头骨，是一个哥萨克雇佣兵爬进山洞并死在了里面。[29] 而 3 年后，也就是 1859 年，发生了两件大事：一是达尔文出版了《物种起源》；二是查尔斯·莱尔在研究索姆河（River Somme）的碎石时，认出凿碎的燧石是冰河时期的武器（那时，索姆河还很平静；60 年后，这里尸横遍野，成为全人类不愿再提的战争回忆① ）。

　　科学家在发现尼安德特人并非哥萨克人之后，转而认为，这个新发现的神秘人种或许是人类进化史上的重要角色。他在最合适的时机闪亮登场，并可能补齐了猿类 – 人类进化过程中的"缺失环节"。"在他无言的沉默中，在他未知的神秘里，揭露出……一个极不可思议的真相：人类也曾是动物。"[30] 学界起初假设尼安德特人几乎没有语言能力，他像狒狒一样奔跑，用脚外侧行走。但随着出土骨骼数量的增多，人们进行了愈发深入的分析，并最终推翻了上述观点。对"类人猿"程度最高的一具尼安德特人骨骼的研究表明，他生前患有骨关节炎，落得严重残疾，而他所在的群体则一直在帮助他。其他证据表明，这种被威尔斯冠以"可怖"的人不仅会照顾群体中的病弱者，还会通过宗教仪式为死者送葬，其中用到了鲜花、赭石和动物犄角等（是地球上已知首批这样做的人）。最后，还有重要的一点，尼安德特人的脑

---

① 索姆河战役，第一次世界大战中规模最大的一场战役。双方伤亡约 130 万人，有"索姆河地狱""'一战'绞肉机"的恶名。——译者注

容量比我们稍大。所以，或许尼安德特人并没有我们想象的那么野蛮，也许他们应当被视为现代人的亚种：早期智人尼安德特人（Homo sapiens neanderthalensis）。如果是这样的话，克罗马农人和尼安德特人应当发生过杂交。[31]

在这两个人种在欧洲相遇并展开竞争前，克罗马农人生活在地中海南部，尼安德特人则生活在地中海北部。和现在一样，中东地区在远古时期也处于关键的十字路口，时刻经历着动荡与改变，而考古遗迹表明，10 万年前，尼安德特人和克罗马农人都曾在那里活动居住，但暂时还不确定二者的居住时间是否重叠，也不知道他们有没有和谐地共享这神圣的土地。最有可能的情况是，他们"分时共享"着同一块土地。也就是说，尼安德特人可能在特别寒冷的冰河时期从欧洲向南迁移，而克罗马农人则在全球逐渐升温后从非洲向北迁移。有趣的是，从他们的手工制品可以看出，两种人类群体的物质文化在超过 5 万年的时间里几乎完全相同。考古学家很难确定某个洞穴是尼安德特人居住过的，还是克罗马农人居住过的，除非能在工具周围一起发现对应的头骨。上述这些都可以作为有力证据，来证明这两种人拥有不相上下的心智水平和语言能力，没办法比较出哪一种人更原始，或"进化得更慢"。

目前为止，还没有尼安德特人的肌肉、皮肤或毛发标本出土，所以我们也无法确定他们到底是棕发还是金发，是像以扫（Esau）一样毛发茂盛，还是像雅各布（Jacob）一样皮肤光滑。而克罗马农人这边，尽管基因研究表明大多数现代欧洲人可能是他们的后代，但我们对其外貌依然知之甚少。[32] 目前，只能通过研究他们的遗骸来窥探一二。两个人种的身高都在 150~180cm，两性之间也有一定的身高差。但尼安德特人生而具有强壮的体格，像是专业的举重或摔跤运动员，是当之无愧的力量型选手；克罗马农人则纤细苗条，堪比田径运动员（而不是健美运动员），是专注于速度的敏捷型选手。这种差异是否与生俱来？或在某种程度上是不同居住环境和生活方式的产物？很难一言以蔽之。1939 年，人类学家卡尔顿·库恩（Carleton Coon）画了一幅有趣的尼安德特人复原图，这位男性在沐浴剃须后干净清爽，戴软呢帽，穿正装打领带。库恩评价，就算把这样一个人放在纽约地铁上，也毫不违和，不会引起什么注意。

这样的类比表明，尼安德特人和克罗马农人之间的骨骼差异可能并不比现代人之间的骨骼差异大多少。如果把好莱坞硬汉阿诺德·施瓦辛格（Arnold Schwarzenegger）和瘦小的伍迪·艾伦导演（Woody Allen）的骨骼放在一起，二者之间的差异一定也很大。但这两种人的头骨差异就要另当别论了。所谓典型的尼安德特人（这样说相当具有误导性，因为当出土的标本越来越多，所谓的"典型性"就愈发趋向于自我验证），他们的头骨长而低，前眉骨脊增厚，后颈颅骨突出（这一般被称为尼安德特人的"圆发髻"或"假发髻"），下颚有力，牙齿结实，鼻子宽矮，下巴圆润。乍一看，可能会觉得这种头骨和直立人的头骨很像，应该更为古老。但实际上，尼安德特人的平均脑容量要比克罗马农人的更大。在库恩的画中，那位乘地铁的尼安德特人也许头骨很厚，但头脑却未必迟钝。

综合来看，我觉得尼安德特人身上那些所谓的古老特征，实则是在现代人体结构的基础上对寒冷气候做出的适应。[33] 在冰河时期，现代人的高额头会被冻住，大脑会受到损伤，冰冷的空气也会伤害肺部。而尼安德特人的大脑被浓厚茂密的眉毛和低矮宽阔的额骨覆盖，冷空气也会先经过宽矮的鼻子，变暖后再进入肺部，进而给整个面部带来良好的血液供应。体格健壮的尼安德特人和身材苗条的人相比，也更不易流失热量。在现代因纽特人、安第斯人和喜马拉雅人身上，至少在体型方面，我们也能看到类似的环境适应性特征。只有在经历几千年的严寒后，人类才会具有这样的特征，而欧洲的尼安德特人曾在冰河时期极端寒冷的气候下生活了十万年之久。

在克罗马农人于大约四万年前从中东地区向北方、西方迁移之前，尼安德特人的生活好像一直都很好过。就像俄罗斯的冬天能够抵御外敌一样，寒冷的天气就是他们最好的盟友。但四万年前那一次，克罗马农人来了，并且留了下来。此次入侵刚好与气候的不稳定同时发生，洋流的逆转导致北大西洋在短短的十年里冰封又解冻。[34] 如此剧烈的变化，就像我们现在对全球变暖做出的最糟糕的预测一样，在当时完全摧毁了尼安德特人赖以生存的动植物群落。尼安德特人擅长通过伏击来猎杀大型猎物，他们骨头上的裂痕和美国西部牛仔在竞技比赛中留下的裂痕类似，表明他们会在近处给猎物以致命一击。他们也没有游牧的习惯，一般会常年居住在相同的洞穴或山谷中。总体来说，人类有着如野草般顽强的生命力，能够迅速适应环境并繁衍壮大。但若将尼安德特人和克罗马农人单独拿出来比较，那么尼安德特人更像是土生土长的植物，而克罗马农人则是入侵的荆棘。当然了，气候剧烈变化会给所有人的生活都带来麻烦，但相对来说，体格较瘦的克罗马农人仍有一定优势。近距离肉搏的话，他们力量较弱，但频繁迁徙时，他们脚程更快。

在我还是个孩子的时候，我看过一部漫画，印象中应该是在《笨拙》（*Punch*）杂志上。漫画里有 3 个淘气的尼安德特人小孩，他们站在高高的悬崖上，缠着父亲问："爸爸，今天我们可以朝克罗马农人丢石头吗？"从 4 万年前到 3 万年前，晚期的尼安德特人和早期的克罗马农人可能真的朝对方丢过不少石头，还可能会去扑灭对方的篝火，偷取猎物，甚至还可能屠杀过对方种群里的妇女和儿童。双方在万年的漫长岁月中斗争不休，最后的最后，欧洲和世界终归于现代人的祖先之手，而尼安德特人则永远消失在历史的长河中了。这个过程中到底发生了什么呢？尼安德特人的血统完全消失了吗？还是说在某种意义上被克罗马农人同化了？

一万年太长，以至于在每一代人有限的生命中，几乎难以察觉这逐渐累积的质变。在争斗的双方看来，战争断断续续、绵延无尽，究其一生也不过是为了那几平方千米的领地。一万年太短，就像其他战争一样，这场争斗也带来了多方面的改变与创新，比如新的工具、新的武器、新的服装、新的仪式，还有新出现的洞穴绘画（这种艺术形式即使在尼安德特人灭绝后仍不断发展，直至最后一次冰河时期达到顶峰）。文化的联系自然也是双向的，从法国出土的晚期尼安德特人遗址可以看出，文化的变迁比更早的时候要快得多，他们的适应能力也非常惊人。[35] 当战争接近尾声时，结局残酷而明显。最后一批尼安德特人好似北美原住民阿帕奇人（Apaches）一样被赶到越来越崎岖的地方，退入西班牙和南斯拉夫的山区。

如果上文描绘的战争情景是真实的，那么结论将很沉重。我们之所以如此关注尼安德特人的兴衰，激烈地争论有关他的一切，是因为这不仅是远古时代的故事，也可能会是我们的故事。如果尼安德特人的灭绝是因为他们自身的进化"走到了死胡同"，那我们也只能耸耸肩，把他们的命运归咎于自然选择。但如果他们是现代人的变种或亚种，那我们就不得不承认，他们的消逝可以看作是现代人的第一次种族灭绝。或者更悲观一点，这仅仅是目前可考的首次，而未必是真正的首次灭绝。由此推断的话，人类进化的一百万年来不断发生着残酷的战争，而我们正是这些战争胜者的后代。我们继承了祖先的罪孽，总想要一次又一次地挑起战争，循环无休。人类学家米尔福德·沃尔波夫（Milford Wolpoff）对此评价道，"一个人种怎么就能将另一个人种完全取代呢？这简直不可思议。唯有通过暴力才能做到。"[36] 尤其是在欧洲，这里的土地从来都血迹斑斑，不管是石器时代的种族灭绝还是"一战"中索姆河的屠杀，战争的阴影从未散去。

在第二次世界大战结束后，威廉·戈尔丁（William Golding）在他的著名小说《继承者》（*The Inheritors*）中探讨了远古时期发生的种族灭绝。戈尔丁充满自信地带领读者回到过去，身临其境般体验远古人类一个无名族群的生活。威尔斯为此书题词时提到，书中的"尼安德特人"从人类学的特征看来，似乎属于比尼安德特人更早期的人类。在戈尔丁笔下，他们温和天真，像黑猩猩一样居住在森林中，只吃大型食肉动物的遗骸，不擅长说话，通过心灵感应辅以语言进行交流。他们会用火，但几乎没有武器，甚至从未想过世界上除了他们之外还有其他种类的人。

戈尔丁在描述远古人类时，似乎将几种远古人类的特征杂糅在一起了，他笔下的角色可能并不符合某一特定人种的特征，但已经在很大程度上再现了远古时期曾发生的事。春日里，森林中的原住民第一次遭到了入侵。入侵者与我们现代人类很相似，拥有船只、篝火和箭矢，发出吵闹的声音，砍伐大量树木，成日醉酒狂欢。原住民好奇地打量着这些新出现的人以及他们新鲜的行为，可入侵者却将原住民当成"森林魔鬼"，把他们一个接一个地杀掉了。最终，只剩下一个嗷嗷待哺的婴儿，由一位失去了自己孩子的母亲哺育。在刚刚攻占的新土地上，入侵者又一次启程了，他们中的首领此时将屠刀对准了自己的同伴，开始自相残杀。最终，那杀害了无数人的武器被血肉磨得闪闪发亮，反倒让它显得正义起来，美其名曰"用它来对抗世界的黑暗"。

戈尔丁坚定地认为，远古时期的胜利者是冷酷无情的。他提出的另一个问题，"现代人体内是否仍流淌着尼安德特人的血液"，至今仍没有很好的答案。在长达一万年的共存时间里，克罗马农人是否完全禁止自己的族人与尼安德特人交配？如果他们发生了交配，他们能产生后代吗？迄今为止对尼安德特人遗骸的 DNA 研究尚未揭示此方面的更多信息。[37] 但是最近，人们在葡萄牙发现了一具儿童骨骼化石，有力地证明了人类曾发生过异种交配。包括在克罗地亚和巴尔干半岛的其他地区，也出土了很多骨骼化石，都可以证明这一点。[38]

在我自己身上，也有现代人仍保留尼安德特人基因的证据。有一些现代人，他们的头骨后部上有独特的隆起。[39] 很巧合的，我也是其中的一员，我的后脑有隆起，看着和摸着都很像尼安德特人独特的"发髻"。因此，在出现新的证据之前，我相信，尽管在克罗马农人的入侵之下，尼安德特人的基因变得非常微弱，但仍有部分保留至今。[40]

尽管我们祖先的许多身体细节仍有待研究，但人们在 20 世纪的努力，已经可以大致回答出高更的前两个问题。"我们从哪里来？我们是谁？"嗯，我们从非洲来，我们是猿类，之后又通过不同的路线走到世界的各个角落。但与其他类人猿不同的是，我们更能左右自己的命运。到了现在，距离高更放低一切去追寻原始部落的净土又过了很久很久，那样纯洁的、与祖先生活相似的地方已再难寻到了。患有关节炎的尼安德特人如果失去了家庭和族群的照顾，就无法独自存活；我们如果脱离了文化之根，也无法立足于世。哈姆雷特感叹，"人是一件多么了不起的杰作！"其实我们早已见过这杰作的缔造者了，那就是我们自己。我们是自己的杰作。

第二章

伟大的实验

有个喜欢逻辑谬论的人曾说，"（某个领域的）专家总是在越来越窄的道路上走得越来越宽，直到无所不知时，便成了一无所知的人"。乍一听，这句话简直前后矛盾。但不妨将眼光转向自然界看一看，许多动物也是"高特化"（highly specialized）的专家，它们的身体只能适应特定的生态环境和生活方式。高特化在短期看来可能颇有回报，但从长远来看，动物也可能因此走入进化的"死胡同"。比如，当剑齿虎的猎物灭绝时，剑齿虎也灭绝了。

现代人类，也就是我们，则是个"多面手"。我们天生没有尖牙、利爪或毒液，但可以借助外界工具和武器，如刀、矛头和毒箭等，来弥补自身的缺陷。其中一些简单的发明，如保暖衣物、独木舟等，满足了人类的基本需求，并使人类在最后一次冰河时期结束前走遍地球。[1] 我们人类的高特化体现在大脑上，它通过文化与大自然进行互动，而这种灵活的交互能力正是我们成功的关键。

和基因相比，文化能更快地应对突如其来的威胁，适应新的需求。但就像第一章提到的，这其中也存在风险。随着文化越来越复杂，技术越来越强大，文化自身也变成了高特化的部分。也许在发展到某个阶段后，文化反倒成了人类发展的桎梏，变得一击即溃，甚至可能在极端情况下毁灭人类。拿武器来说，从箭到子弹再到原子弹，整个进步过程顺理成章，但原子弹却成了第一种对整个人类物种造成灭绝威胁的技术。我将这种现象称为"进步陷阱"（Progress Trap）。这种事自然也不是第一次发生了。曾有些比原子弹简单得多的技术也把文明诱入进步陷阱，并最终毁灭了发明该技术的文明。早在石器时代，就已经有过这样的先例。

在第一章，我提到保罗·高更在其伟大作品《我们从哪里来》中的三个问题："我们从哪里来？我们是谁？我们要到哪里去？"实际上，人类学已经解开了前两个问题。大约500万年前，在非洲生活的一群类人猿是现代猿类和现代人类的共同祖先，所以说，现代猿类实际上是我们的平辈亲属，而非我们的祖辈。而在过去约300万年里，现代人类越来越少地被自然环境影响，而越来越多地被文化影响，这是我们与大猩猩和黑猩猩的最大区别。我们已经成了我们自己制造的实验生物。

"人类的进步"实验史无前例，而我们虽然是实验的发起者和实施者，却从来没费心控制过它。目前，这项实验正在快速进行，规模也变得异常庞大。自20世纪初至今，世界人口增长了4倍，倘若按人类活动让自然承载的负荷估算，经济总量则增长了至少40倍。目前，人类的发展已经到了一个至关重要的阶段，我们必须对进步实验进行合理的控制，并对已知的危险和潜在的威胁进行防范。人类的命运掌握在自己手上！假如实验最终失败了，生物圈被人类破坏，人类无法再生存下去，那大自然也只会耸耸肩，得出个结论："看来让猿类来掌管这个生态实验室终究不是个好主意，不过一开始还是蛮有趣的。"

对地球上的其他生物来说，现代人就像化石中记录的撞击地球的小行星一样，因为人类的统治已经造成太多物种走向灭绝。目前来看，和彻底摧毁恐龙世界的那颗小行星相比，"人类号小行星"个头还很小，暂时还没成为那样灾难性的存在。[2] 但是如果我们就这样任凭物种一个接一个地灭绝，或为了自己的目的使用大规模杀伤性武器（如核武器），那么新一轮的生物大灭绝迟早会发生，永久沉睡在地球这一层的化石中。

在第一章中，史前时代发生的故事告诉我们，善良的原住民没能在进化之战中取得胜利。所以，说得好听点，我们是冷酷无情的胜利者的后代；说得难听点，就是种族灭绝者的后代。远古人类可能曾反复地经历斗争，一次又一次地消灭敌对的同类，最终的结果是，我们的表亲尼安德特人在三万年前灭绝，留下未解的谜团。无论真相如何，尼安德特人的灭绝都标志着旧石器时代晚期的开始。这是旧石器时代三个阶段（早期、中期、晚期）中最短的阶段，大约只占了整个旧石器时代的百分之一。

伴随着狩猎技巧趋近完美，我们祖先的进化也遇到瓶颈，这也标志着旧石器时代的结束，这是人类遇到的第一次进步陷阱。从中，我们应该反思些什么？除此之外，这一章还将探索人类如何通过发展农业来摆脱进步陷阱，并带来了一项最伟大的实验，那就是世界文明。还有一个问题迫在眉睫：文明会是另一个更大的进步陷阱吗？

三百万年前，第一批原始人类造出第一批粗糙工具，在进化的道路上慢慢前行，旧石器时代由此开始；一万两千年前，巨型冰盖退至两极和高山，等待进一步的气候变化，旧石器时代至此结束。从地质学的角度来看，三百万年弹指一挥间，对地球而言，更是相当于一天里微不足道的一分钟，但对人类来说，却占据了 99.5% 以上的生存时间。我们像是一脚踏入了望不到尽头的隧道，直到昨天才刚刚进入温暖的文明世界。

文明史非常短暂，即使是我们的现代亚种群即晚期智人（*Homo Sapiens Sapiens*）出现的时间，也要比最古老的文明存世的时间还要早足足 10 倍到 20 倍。但如果考虑人类生命的主观体验，即个体生命的总和的话，步入文明之后的人口数量则比其他任何时期的都要多。[3] 文明的发展不以时间的长度为衡量标准，而更关注生命整体的广度。因为文明的发展既是人口增长的原因，亦是人口增长的结果，人类社会因而延绵不绝，生生不息。

我应该再强调一下，我是从技术的、人类学的角度来定义"文明"和"文化"的。我提到的文化，是指社会的全部知识、习俗和实践。文化可以包含每一件大大小小的事——从素食主义到同类相食，从贝多芬、波提切利到人体雕塑，从日常起居到宗教信仰（如果你所在的文明能够选择信仰的话），从劈开石头的方法到分裂原子的技术……而文明则是一种特定的文化，即以对植物、动物和人类的驯化为基础的，复杂庞大的社会。[4] 文明各有千秋，但一般来说，都有小镇、城市、政府、社会阶级，以及细化的社会分工。文明无疑是文化（或多种文化的集合），但文化并不都能成为文明。

考古学界普遍认为，人类的第一批文明是美索不达米亚南部（今伊拉克）的苏美尔文明及尼罗河流域的古埃及文明，它们都在公元前 3000 年左右出现。而到了公元前 1000 年，文明在世界各地犹如星星之火般出现，其中较为辉煌的有印度、中国、墨西哥、秘鲁和部分欧洲地区的文明。

从古至今，文明社会的人始终相信，自己的素质和行为肯定强于先前的"野蛮人"。但是文明所附带的道德价值观却似是而非，经常被用来粉饰强者对弱小社会的攻击和统治，或是为战争戴上正义的高帽。在殖民帝国鼎盛时期，法国人有"教化使命"，英国人有"白人的负担"，当然这些"负担"最终是由那瞄准了对手的自动化武器来承担的。西莱尔·贝洛克（Hilaire Belloc）在 1898 年写道，"不管发生什么，我们总有马克沁重机枪，但他们可没有。"如今，美国声称自己在领导和保护着"文明世界"，可美国历史却正是从驱赶、消灭当地曾经的原住民开始的。[5]

除此之外，古罗马的斗兽场，阿兹特克的活人祭祀，宗教法庭的火刑，纳粹的死亡集中营……无一不是人类文明社会的作品。[6] 仅在 20 世纪，就有至少一亿人于战乱中丧生，而且大部分是平民。[7] 就算是野蛮人也不会做得更糟了。在古罗马斗兽场和纳粹集中营面前，一切辩驳都苍白无力。我们只得承认，文明发展并不确保道德进步。

20 世纪 30 年代，甘地来到英国争取印度自治，一位记者询问他对西方文明的看法。刚参观了伦敦贫民窟的甘地这样回答："我觉得很好。"[8] 也许读者会觉得我在此书中对文明的要求很严苛，但那是因为我和甘地一样，都希望文明能够兑现承诺，取得成功。作为人类，我更希望住在房屋里，而不是石洞里。我更喜欢壮丽的建筑，经典的好书。我更希望在上千年混沌而黑暗的时日过后获得清醒的神智，了解那些现在来看是常识的新鲜事，比如我们来自猿类，地球是圆的，太阳和星星一样都是恒星。[9] 尽管文明自身具有残酷性，但它仍是一项宝贵且值得继续的实验。而每在进步阶梯上攀登一步，我们都会蹬掉下面的台阶，文明之路步步惊心，踏错一步便是万劫不复。那些讨厌文明，迫不及待希望文明毁灭的人应当明白，只有文明才能支撑人类如今的数量和地位，让包括他们自己在内的人类继续生存下去。[10]

对我们来说，旧石器时代久远到平时几乎不会想起，只是偶尔在看那些动画片里的原始人时笑笑。可实际上，旧石器时代的尾巴距离基督诞生和罗马帝国建立只有大约一万年，因此，人类离开洞穴后经历的所有重大变革都发生在文化层面，而非生理层面。人类种群的演化是以更大的时间单位计算的，短时间内很难有生理结构的显著改变，因此尽管文化和技术日新月异，先天脑力也不会有明显提升。[11]

约翰逊博士曾戏言，要是他小时候被苏格兰人抓走了，那他长大后应该就成了苏格兰人。如果一个旧石器时代晚期的孩子被我们抓了来，在现代社会长大，那他或她也有机会获得宇宙物理学或计算机科学学位。如果用电脑操作来比喻，那我们就是在一台上次升级至少是五万年前的电脑上运行 21 世纪的软件。这或许可以解释我们在新闻报道中看到的许多事情。

这样的难题既是人类特有的，也是文化自身带给人类的。一部分原因是，人类文化的发展已经远远超过了进化的速度。而另一部分原因是，经过漫长的岁月，本是从自然选择中诞生的文化现已发展壮大到阻碍了自然选择的地步，如此一来命运的指挥棒就到了我们自己手中。

"我来告诉你们人是什么，"继有关石器时代的小说《继承者》出版后，威廉·戈尔丁在 1956 年的小说《平彻·马丁》中继续阐述他对人类的思考，尽管这本书的写作背景已由旧石器时代来到了第二次世界大战期间，"他是个怪东西，是个被从母体内弹出的胎儿，失去了自然选择的权利，直接就到了这个世界上。羊皮盖着他赤裸的身躯，牙齿挤在那么一丁点的空间里，头骨也软软鼓鼓的，像个气泡，而大自然又在这个气泡里面挤了一坨布丁。"[12]

戈尔丁提到的布丁可不就是我们的大脑吗？这里面翻涌着很多原料：天才和疯子、逻辑和信仰、本能和幻觉、慈悲和残忍，还有爱、恨、性、艺术、贪婪……所有这些生与死的驱动力。对于个体而言，他的人格就是这些成分的总和。对于社会而言，所有这些人格的集合就成了文化。长远来看，文化的"布丁"一直在扩大。但过程中也经历了好几次爆发，文化布丁突然扩大，溢出来的部分把厨房搞得满地脏污。

第一次爆发时，直立人驯化了火，生存的天平自此以后向我们倾斜。第二次爆发是五十万年后，那时克罗马农人取代了尼安德特人，他们的狩猎技巧也趋于完美。人类制造出更轻、更锋利、射程更远的新武器，他们使用起来更加优雅，也更为致命。[13] 此外，串饰、骨雕、乐器和精细的葬礼也变得更为普遍。岩洞中和石壁上绘有壮丽的图画，显示出朴实的自然主义，这样的画风直到文艺复兴时期又再次出现。尼安德特人和早期克罗马农人也曾经在小范围内尝试过诸如此类的新鲜事，[14] 所以此次艺术和技术的突然爆发也不能证明人类突然演变成了一个新的种群，或是产生了全新的认知能力。但此次爆发能证明的是，"仓廪实而知礼节"，当食物充足的时候，休闲娱乐就出现了。当时的狩猎－采集者所获得的食物已经超出了生存的基本需求，所以人类就有了更多的空余时间，可以在石壁上绘画，制作串饰和雕像，奏出音乐旋律，或虔诚地完成宗教仪式等。历史上，人类第一次变得富有起来。

旧石器时代末期，和西方在过去五百年经历的"大航海"与征服时期相比，时间不同，长度不同，复杂程度也完全不同。但如果把这两个时代做一个粗略的对比，会发现它们其实有一定的相似之处。自公元 1492 年起，欧洲文明崛起后，大规模地摧毁并取代了其他文明，并在这个过程中不断壮大自身，把自己重塑成工业化的文明（这点我将会在后面的章节中讨论）。类似地，旧石器时代晚期的克罗马农人，或说智人，[15] 人口也发生了成倍增长。他们散落在世界各地，杀死、驱逐或同化了所有其他的人类种群。同时，他们也不断发展自身，并最终进入了前人从未踏足的美丽新世界。

最迟在一万五千年前，远早于冰川消融时期，人类已经在除南极洲以外的所有大陆上都建立了家园。就像欧洲文明向全世界扩张一样，远古人类也迅速遍布世界，这次史前的探索与殖民浪潮对地球生态产生了深远的影响。人类踏上新的土地后不久，大型动物便开始消失。猛犸象和长毛犀牛开始往北部退移，直到欧亚大陆上再不见它们的身影。一种巨型袋熊，其他的有袋类动物，还有像一部大众汽车那么大的乌龟都从澳大利亚消失了。而骆驼、猛犸象、巨型野牛、巨型树懒和马也在美洲灭绝了。[16] 凡智人所到之处，都笼罩着物种灭绝的阴影。

也不是所有的专家都认同我们的祖先完全导致了物种灭绝。反方辩护说，人类曾在非洲、亚洲和欧洲狩猎了至少一百万年，但也没有导致物种全部灭绝。物种的灭绝很多时候是和气候剧变同时发生的。也许冰河时期的结束太过突然，大型动物还来不及适应或迁徙到寒冷地带，就已经全部灭绝了。这个论点是有一定说服力的，因为如果在归因时完全剔除这些外界因素，也太绝对化了。但是我不得不说，证明我们的祖先导致灭绝的证据数量实在庞大，也更有力。动物的确在冰川融化时面临着极大的生存危机，但它们也曾数次面临类似的危机，却都没有走到灭绝的地步。换个角度，反方所说的也没错，因为早期人类，包括直立人、尼安德特人、早期智人等在内，对大型猎物的狩猎确实没有导致物种灭绝。但旧石器时代晚期的人类不同，其武器装备之精良，狩猎技巧之高超，与先前的人类完全不在同一个等级。[17] 那时候，人类的狩猎场所几乎已初具工业化规模，他们会在某个地方猎杀一千头猛犸象，再去另一个狩猎场猎杀至少十万匹马。[18]"尼安德特人天生就是追逐猎杀的好手，"人类学家威廉·豪威尔斯（William Howells）在 1960 年写道，"但他们也没有留下这么巨大的狩猎场遗址。"[19] 近来，古人类学家伊恩·塔特索尔（Ian Tattersall）更提到在生态道德方面，"克罗马农人肯定有黑暗残暴的一面，我们也是。"[20]

站在陡峭的岩石上，猎人无情地将成群的猎物赶下悬崖，数量远超食用所需，于是又剩下成堆的动物尸体，任由其腐烂。这种做法一直延续到了有历史记录的时期，加拿大阿尔伯塔省的"碎头野牛跳崖"（Head-Smashed-In Buffalo Jump）可堪佐证。好在野牛生长在辽阔的平原上，陡峭的悬崖也不多。但到了 19 世纪，白人的猎枪不再受地形限制，黑洞洞的枪口对准了野牛和印第安人，将这两个种群屠杀到濒临灭绝。"成群结队的野牛，"赫尔曼·梅尔维尔写道，"就在四十年前，还生活在伊利诺伊州和密苏里州的大草原上，足有上万只。……可现在呢，礼貌的土地中介站在这里，要以 10 美元 1 平方米的价格把土地卖给你。"[21]文明，呵，竟成了 10 美元就能买到 1 平方米的土地。

现代的狩猎 – 采集者，如亚马孙原住民、澳大利亚原住民、因纽特人、布须曼人（Kalahari "bushmen"）等，是智慧的生态环境卫士。他们会对人口数量加以控制，温柔地从自然中索取刚需。[22]人们总觉得古代的狩猎者也有这样的智慧，但考古学的证据并不支持这一观点。在旧石器时代，人类以狩猎为生，在他们看来，土地无边无涯，猎物资源丰富，"取之不尽，用之不竭"。狩猎场中的动物遗骸告诉我们，当时的人类造成了极端的食物浪费，他们就像如今盼着股价永攀新高的股民一样乐观，觉得到了另一座山上一定还能再进行大屠杀，有享不尽的饕餮盛宴。地球历史上曾经经历过五次物种大灭绝。目前我们正身处第六次种族大灭绝时期，这是现代人类真正经历的首次，也将是记录最完整的种族大灭绝，而人类毫无疑问对新西兰和马达加斯加那些不会飞的鸟类和其他动物的灭绝负有责任。[23]澳大利亚生物学家蒂姆·弗兰妮（Tim Flannery）称人类是"吞没未来的食客"。每一次种族灭绝，都代表着未来的可能又暗淡了一分。[24]

因此，关于人类自己，有一点需要了解，那就是旧石器时代晚期很可能始于种族灭绝，而终于一场场"任意杀戮动物"的烧烤狂欢。趋于完美的狩猎技术反而意味着人类不再将狩猎作为可持续的生活方式。由于肉食易得，人们就倾向于生下更多婴儿。婴儿就是未来的猎人，而猎人数量的增多迟早会带来猎物数量的减少。于是，在吃尽所到之处的猎物后，人类只好寻找下一个目的地。因此在那段时期，世界上多数人类大迁徙都由食物匮乏所驱动。

对西欧地区的考古显示，在旧石器时代的最后一千年，克罗马农人奢靡的生活已逐渐式微，无以为继。他们不再绘制壁画，也极少做雕塑或雕刻，使用的燧石刀也越来越短。猛犸象灭绝了，就转而猎杀兔子。

在 20 世纪 30 年代一篇名为《赞美笨拙的人》（*In Praise of Clumsy People*）的文章中，幽默的捷克作家卡雷尔·恰佩克（Karel Çapek）观察到："只要糟糕的猎人一到，其他的猎人就再没法存活了。"恰佩克也曾这样评价过瓦格纳（Wagner）的音乐，忠言逆耳。旧石器时代的猎人不笨，但真的很糟糕，因为他们破坏了寄生者的第一原则：不要杀死自己的宿主。当人类驱赶着一个又一个物种走向灭绝，自己也就踏入了进步的第一个陷阱。

灭绝的警钟在耳边敲响多次后，其中一些克罗马农人的后裔终于学会了约束自己的行为，并继续以狩猎 – 采集者的身份存活至近现代。而其他一些人则找到了一种新的方式挣脱狩猎陷阱，提高生存胜算。后来，我们将这次伟大变革称为农耕革命，或新石器时代革命。

在狩猎者主导的原始人群落中，一直有大量的非狩猎者，即采集者。一般认为，这些采集者主要由妇女和儿童组成，她们采摘野果和蔬菜作为肉食的补充，给穴居生活提供良好的饮食结构。随着猎物逐渐灭绝，狩猎所得越来越少，采集者这边供应的食物对整个群落也就愈发重要。

在短暂的中石器时代，人类不断尝试着新的可能：也许住在河口和沼泽附近；也许在沙滩赶海拾荒；也许挖掘植物的根茎饱腹；或从野草中采集小颗种子度日……最后的这一做法给人类带来了翻天覆地的变化。当人们发现，有几片区域的野草生长得非常茁壮，草籽也比其他野草要多，他们就在那里定居下来，以至于早在学会耕作之前，某些地区就已经出现了聚居的村落。[25]后来采集者中的智者还发现，有些散落在地上的，或粪便中未完全消化的种子会在第二年发芽。人类随即开始照料野草，扩大种植面积来获得收成，再留下一些最易收获、最饱满的种子以待来年播种。

这项实验的最终结果是，完整的农业产生了，而人类后来几乎完全依赖单调的主食为生，但那是几千年之后的事了。农业产生早期，作物的照料者仍主要是从前的采集者，他们选育出种类繁多的植物，并养殖可获得的野生动物及鱼类。例如，早在距今一万三千年前，就有一个由许多长方形木屋组成的定居村落存在，在今智利的蒙特韦德（Monte Verde）。村民主要靠狩猎骆驼科动物、小型动物和即将灭绝的乳齿象维持生计，但遗迹中也发现了许多蔬菜，特别是其中还有一块削下来的马铃薯皮。[26]虽然蒙特韦德只是美洲最早的人类遗址之一，但它表明当时的人类对本地植物的了解已经纯熟，而其中几种植物最终成为安第斯文明的重要作物。

通过不断地微小积累，人类与其他类人猿逐渐区分开来。农业革命对我们来说也是这样一场无意识的实验。实验的发起源于偶然，而过程又过于渐进，以至于每一代的实验推动者都无法意识到实验进展到何种地步，更不用说预见它将走向何方了。但与更早期的漫长演变相比，农业革命已经算得上是进展飞快了，甚至快得有些令人害怕。

这场革命对人类来说意义非凡。它告诉人类，农业革命不是指发生了一次统一的、宏伟的革命，而是指在同时期内，各个大陆的各个地区正接连不断地发生着独立的革命。在除澳大利亚之外的所有大陆上，农业实验在冰河时期结束后不久就开始了。[27]古老的书籍（及最近的一些文献 [28]）中强调了中东地区或是新月沃地的重要性。当时，中东从地中海沿岸一直延伸至安纳托利亚高原和伊拉克的冲积平原，小麦、青稞、绵羊和山羊均源自这里，滋养着所有以面包作为主食的文明。

现在，我们能清楚地了解到，中东地区只是世界上独立发展农业的核心地区之一，类似的地区还有至少 3 个，如远东地区，以大米和小米作为主食；美索亚美利加地区（墨西哥和中美洲邻近地区），其文明以玉米、豆类、南瓜、苋菜和西红柿为生；南美洲的安第斯地区，开发了多种马铃薯、其他块茎类植物、南瓜、棉花、花生和藜麦等高蛋白谷物。[29] 在这些农业革命的核心地区，人类约在距今八千至一万年前就开始驯化野生植物，种植农作物了。[30] 除了这四大核心地区，世界上还散落着十几个较小的农业发展区，包括热带的东南亚地区、埃塞俄比亚地区、亚马孙地区和北美东部地区等，它们分别为人类带来了香蕉、咖啡、木薯和向日葵。[31] 互相并无关联的种族有时却会种植出相同的植物，比如棉花和花生就都各有两种，在新世界（美洲大陆）和旧世界（欧亚大陆）同时发展。

文献中对人类何时驯化动物没有特别确切的记录，但大约在人类开发农作物的同时，他们发现自己可以跟踪一些食草动物和鸟类的活动，圈养它们，并按一定比例宰杀食用。繁殖几代后，这些动物变得温顺愚笨，不再对跟踪它们的两条腿的连环杀手抱有戒心。就像采集变成了种植一样，狩猎也变成了畜牧。

大约公元前 8000 年时，绵羊和山羊成了中东地区第一批真正意义上的家畜。公元前 6000 年，人类在秘鲁地区驯化了一些骆驼科动物以供运输、纺织及肉食所需，它们是无峰驼和羊驼的早期祖先。几乎同一时间，在欧亚大陆，野牛也被驯化了。不过那时候人类还没学会从骆驼科动物和早期的牛身上挤奶。公元前 4000 年左右，驴和马也被驯服了。一些更加聪明的动物，比如狗、猪、猫等，很早以前就喜欢在人类住所附近闲逛，它们翻找垃圾，吃些残羹剩饭，还会捕捉因粮仓的出现而数量剧增的鼠类。狗可能在旧石器时代已被驯服用于狩猎，和人类一起生活在世界各地。有时在寒冷的天气里，狗也会用来暖床。鸡，一种有着华丽羽毛的禽类，从亚洲的丛林中一步步走进了山德士上校的胃里，而墨西哥人则驯化了火鸡。除了无峰驼和羊驼之外，秘鲁人还驯养了美洲家鸭，还有矮小但多产的豚鼠——它们甚至在一幅殖民时期的描绘基督最后晚餐的画作中露了一面。[32]

美洲大陆的人类曾食用豚鼠和吉娃娃狗，这表明新世界驯养家畜的天然条件可能没有旧世界那么优越。但是新世界也通过开发更广泛和更高效的植物补齐了先天的不足。单是秘鲁就拥有近四十种重要的植物。[33]美洲很多大型的原住民城市就依赖这些植物发展起来了，而其中几种植物被引入到旧世界，深刻地改变了当地的营养结构和经济状况——我将在最后一章中讨论这件事。粮食的供应越乐观，出生的人口就越多。与流动性较高的狩猎－采集者相比，农耕时代定居在某一处的人类不再限制出生的人口数量，因为新生人口能够帮助完成更多的农耕任务，承担家庭的各项劳动任务。而且，人类的体脂水平较之前有所提高，也学会了用动物乳汁辅以特定类型的谷物喂养婴儿，这样一来，婴儿断奶就会更早，妇女的生育率也会相应上升。农耕者的数量很快就超过了狩猎－采集者的数量，于是农耕者渐渐将狩猎者同化，不听话的人会被杀死，或者被驱赶到荒野里自生自灭。

旧石器时代晚期刚开始的时候，智人亚种以一种公平或者不公平的方式成了地球新的统治者，那时全球人口大约有 30 余万。[34]后来到农业诞生时，在距今一万年前，世界上所有可及之处都有人类定居，此时人口已经增加到了大约 300 万。距今 5000 年前，所有核心地区都普及了农业，完整的文明已在苏美尔和埃及出现，当时的全球人口应该已经达到了 1500 万至 2000 万。

这些数字仅是估算，而且我刚才所说的一切都对现实发生的事做了简化。其实人类用了几千年的时间，才慢慢从狩猎－采集社会过渡到农业社会，而且初始阶段的结果并没有马上给人类带来希望，即使是在中东等核心地区也是如此。在新石器时代，公元前 8000 年之前，耶利哥城极小，占地面积仅仅几平方千米，[35] 并且从那之后，过了足足 1500 年，城市面积仅仅扩大了一倍多。[36] 加泰土丘遗址是公元前 7000 年至 5500 年间，新月沃地上最大的人类聚居地，但也仅有 32 英亩，[37] 其居民仍主要靠捕获的野生动物来获取蛋白质。住在加拿大乡村地区的人应该都知道，就算是农民，一有机会还是会去打猎，这样既可以补充生存所需，又可以作为一种娱乐方式，在家畜稀缺的美洲和亚洲部分地区尤其如此。不管怎样，人类在加速发展，到大约 5000 年前，大多数人类已经从食用野生动植物转变为食用驯化的动植物。

就影响的规模而言，除了 20 世纪 40 年代以来那些足以毁灭全人类的武器发明以外，没有其他任何发明能和农业相媲美。人类进步史可以分成两部分，一部分是新石器时代革命之前的所有日子，另一部分是新石器时代革命之后的所有日子。尽管旧、中、新三个石器时代看起来一脉相连，属于同一个整体，但事实并非如此。新石器时代和之后的时代（青铜时代、铁器时代等）

更加相像，而和之前长达百万年的石器时代有着很大差别。农业革命给人类带来了全新的生活方式，至今仍是世界经济的基础。石器时代晚期流传下来的食品科技更是我们生活中不可或缺的一部分。大约 12 种来自远古时期的农作物养活了当今地球上 70 多亿人口。尽管在近两个多世纪的时间内，我们也在不断尝试科学育种来改良农作物，比如 20 世纪 60 年代的绿色革命，和 90 年代的基因工程等，但目前人类的主食依旧和史前时代的类似。

虽然新石器时代最后也在世界上部分地区演化出金属加工技术，加上欧洲后来也完成了工业革命，但这些仍是对农业革命的深化和延续，人类的生存方式并没有本质上的变化。一个新石器时代的村庄，和一个青铜时代或铁器时代的村庄，甚至是和一个现代第三世界国家的村庄相比，都没有太多不同。

维多利亚时期的考古者们一般根据出土的工具材料对人类发展阶段进行分类，但这种分类方法很难精准区分新石器时代之后的人类遗迹。在欧洲，这种方法可能还有些价值，因为早期欧洲的社会变革往往和科技变革联系密切。但如果对于一些缺乏所谓的技术进步所需的"基本物质"（金属、犁、车轮等）的文明来说，这种分类方法就很难发挥作用了。[38] 举个例子，美索不达米亚地区的人类在大约公元前 4000 年就发明了轮子，但紧挨着他们的埃及文明在之后的 2000 年里压根就没用过轮子。还有，古典时代的玛雅文明在数学和天文学方面的造诣极高，堪比古典欧洲，但他们却几乎不用金属工具。要是单从技术上来考虑，玛雅人还处在石器时代。[39] 与之相对的，撒哈拉以南的非洲在公元前 500 年就掌握了冶铁技术，但从未发展出成熟的文明。[40] 秘鲁的印加人在公元前 1500 年左右学会了金属加工，创造了世界上最大、管理最严格的帝国之一，但这宏伟的帝国却没有现代意义上的文字［不过，也有越来越多的证据表明他们的奇普系统（Quipu System）也是一种文字体系］。[41] 日本人早在一万两千年前就已经开始制造陶器了，但却直到两千年前，才从中国和朝鲜引入水稻种植技术，形成完整的文明。他们在公元前 500 年才开始加工青铜，可到了 16 世纪就已经以铸造钢剑闻名于世。也是在 16 世纪，他们还从欧洲人那里学到了火器制造技术，却在 300 年后才派上用场。

上面这些文明用它们的发展轨迹告诉我们，技术进步和文明发展不一定有唯一的相关性。因此，我们应该警惕技术决定论，因为这种观点通常会低估文化因素，把多因素影响的人类适应性问题简化为，"既然我们已经是历史的赢家，为什么后来者不直接照着我们做过的事情做呢？"我们如今称农业与文明的出现是"发明创造"或"实验结果"，那是因为我们是站在现代人的角度来回顾这一伟大进程的。但从远古人类的角度来看，起初，他们不过是在无意识地尝试，直到有次偶然引发了后面一连串的反应，就这样被推着过上了单调而辛劳的生活。农业以牺牲生活质量为代价，实现了人口数量的增长。食物越来越多，人口也越来越多，但营养却没有变得更好，生活也是。人类放弃了种类繁多的野生食物，转而专攻十来种特定的淀粉类根茎植物和草类植物，包括小麦、大麦、大米、马铃薯、玉米等。我们驯化了植物，植物也驯化了我们。没有人类打理，农作物就会枯萎；没有粮食收获，我们也会饿死。谁都不想再次见到农业革命之前饿殍遍野的场景，所以人类自此就与农业牢牢绑定在一起了。哪怕进入了农业社会，干旱和枯萎病都会把人们带回到那食不果腹的年代。在人类种群存在至今的大部分时间里，大多数人都曾在饥饿的边缘徘徊，直到现在，世界上的一些地方都还面临着饥荒。[42]

在狩猎－采集者主导的社会中，除了少数特殊情况以外，一般都保持着平均主义的性质，个体之间的财富和权力只有细微差别。领导力要么分散在众人之中，某事只要达成共识便可开始实施；要么集中在最有能力的猎人身上，当出色的猎手没有吃独食，而是把肉分享给族群，他就获得了声望。但在原始社会中，如果领导者变得专横，或者少数人不喜欢多数人的决定，人们就会离开。在这样一个人口不拥挤，没有固定边界或财产的社会中，用脚投票很容易。

最后一个冰河时期之后，全球十几个主要的农业地区内出现了一些早期城镇和村庄，在最开始的一段时间里，人类继续过着上述这种自由和轻松的生活。大多数村镇都是小规模的农业聚落，每个人都做着差不多的事，过着相似的生活。人们要么规定土地公有，要么公认此地只属于神，不属于任何人。如果有人通过自己的辛勤劳动和出色的技能过得稍微富裕一些，他们也有义务帮助那些有需要的人改善生活，这些人通常与他们有亲缘关系。

随着时间推移，人与人之间财富和权力的差距逐渐扩大。随着人口增加和聚落间的边界强化，人的自由程度下降，社会机会也减少了。新石器时代中东地区的村庄中首先出现了贫富差距扩大的趋势，而后世界各地也陆续发生了改变。举例来说，在多瑙河畔最早的农业遗迹中，只发现了工具，但之后的遗迹却有着完备的防御工事，武器到处都是。对此，澳大利亚著名考古学家戈登·柴尔德（Gordon Childe）评价道，"我们好像身临其境般地看到人们剑拔弩张、兵戎相见的场景……因为土地变得越来越稀缺。"[43] 这段话写于 1942 年，正值希特勒执行名为"生存空间"的政策之时，[44] 所以柴尔德根本不需要强调什么，这太明显了：从石器时代到他所处的时代，人类仍然重复做着和从前几乎相同的事。

担心外来者入侵的人反而更容易为本族首领所操纵。战士本应是百姓生活的保卫者，自己却往往成了勒索百姓、收取保护费的恶徒。越是在战争或危机时期，少数人就越容易从多数人那里偷取权力，还美其名曰"为了社会安定"。统治者发现敌人的概念越是莫须有，就越容易在人群中达成共识，比如宗教审判时，人们义愤填膺的样子只不过让魔鬼的生意更兴隆罢了。[45] 到了 20 世纪，意识形态之间的斗争也保有之前宗教战争的特点。可是，为了维护各自的统治，真的有必要去冒毁灭世界的风险吗？

如今，我们把恐怖主义当作新近才出现的事，并以全球范围的"反恐战争"为由，丢掉我们好不容易才赢得的自由。[也许会有人觉得恐怖主义确实是新鲜事，那么可以去看看《间谍》（*The Secret Agent*）这本书，它的作者是约瑟夫·康拉德（Joseph Conrad），写于多年前，讲述的正是一位无政府主义者如何一步步采取自杀式炸弹袭击，在伦敦引发爆炸案。[46]]如今，极端主义者可以被看作是自异教徒、无政府主义者之后的又一不稳定因素，如果当年冷战期间国际上有这样一股军事力量存在，大国的军事预算也会提高以随时应对。

新石器时代革命是历史的必然，不管当初在哪里发生，都几乎不可避免。如果农业的发展真是个历史的巧合，那么人们可能会认为农业只会在某个满足特殊条件的地方出现，然后再从那里向外扩展至世界各处，或者觉得只有极少数的文明能触发农业革命，就算发生，也是会处于历史上的不同时期。让我们通过历史来看看这样说对不对。直到新石器时代晚期（或在这不久前[47]），大自然都只让这些好奇而多动的猿类在"旧世界"实验室活动。之后，自然母亲打开了实验室的门，让猿类能走出"旧世界"，其中一些找到并进入了"新世界"实验室。这样一来，猿类就分别在一新一旧两个实验室里面做实验，而且后来，由于冰川消融，海平面上升，两个实验室之间的路被隔绝了很久。[48]位于地球两端的两个实验室各自有着不同种类的植物和动物，而且环境和科技都很不同，但分开发展的两组猿类仍有如心意相通般采取了几乎一致的实验步骤，并得到了极为相似的实验结果，这不得不令人感到震惊。

西班牙人于 16 世纪初到达美国大陆，这次登陆被视为是，东西半球的人自冰河时期他们的祖先因猎物短缺分开以来，漫长岁月中的第一次再会。在哥伦布发现美洲之前，两个半球之间也有过一些零星的接触，比如与波利尼西亚人、维京人和可能的亚洲人等。但这些接触都太短暂，时间上来说也太晚了，无法对本地植物、动物的进化或文明的兴起造成太多影响。在哥伦布之前，即使是那些生存能力极强的"海员"，比如挪威大鼠或者蟑螂，也没能越过大洋到达美洲。旧世界的可怕瘟疫，比如天花，也都没有蔓延到美洲大陆。[49]

在 16 世纪发现美洲确实是个巧合，可以说是空前绝后。那一刻，两个相互隔绝却并行发展了一万五千余年的文明实验室终于又对彼此敞开了大门。这么久过去了，双方居然还能够看懂彼此的实验机制，真是个伟大的奇迹。科尔特斯（Cortés）在墨西哥登陆时，发现新大陆上也有道路、运河、城市、宫殿、学校、法院、市场、灌溉工程、国王、牧师、寺庙、农民、手工业者、军队、天文学家、商人、运动、戏剧、艺术、音乐和书籍。在地球的东西两端，文明均独立产生、独立进步，逐渐发展为高度文明的体系。将两者放在一起做对比的话，某些细节可能会有差异，但核心内容却高度相似。

美洲大陆上的实验与旧世界的实验并行发展，这表明我们人类是可被预测的生物，不管身在何处，都由类似的需求、欲望、希望和罪恶所驱动。可能也有较小规模的实验在其他地方独立运行，虽然没有大型实验复杂，但大体上也都表现出相同的趋势。即使是在遥远的波利尼西亚群岛上，当零星几艘船经过这里，水手们在此定居，小型的文明也就出现了，同样有着社会阶级、精耕细作，还有石制纪念碑。面对这些独立产生并发展，却具相似性和共时性的农业文明，我们不禁要问：既然两万年前的人和一万年前的人智力水平相近，猎物也不是时时刻刻都有，冰川对于低纬度的影响也不会太大，那为什么直到最后一次冰河时期结束，人类才开始发展农业呢？

其中一个可能的答案正是我们现在担忧的事情。从古老的冰川中取出的冰芯就像树的年轮，忠实地记录着每年的变化。据此，气候学家已经能够探测过去二十五万年间的气候变化。他们研究发现，过去的一万年，全球的气候前所未有地稳定，而这正好与农业和文明的发展时期是重叠的。所以说，这似乎是人类最早能够开始发展农业的时间，就算再努力也无法更早了。研究还发现，地球的气候变化曾经非常剧烈，有时候陷入冰河时期和离开冰河时期的过程不是以百年计算，而是几十年就有一次。

此类事件的自然触发因素尚不清楚。某种连锁反应可能会引发急速的混乱——也许是洋流的突然逆转，或者是永久冻土融化释放出的甲烷。理查德·艾利（Richard Alley）在关于冰芯研究的书中，指出了一件很明显的事："人类建立的文明和一直以来的气候环境相适应，越来越依赖于目前的气候及环境提供的一切……还有，过去几千年的气候和现在一样，差不多是地球气候的最佳状态了"[50]

气候的改变会对我们很不利。我们唯一应该做的，就是不要冒险激怒自然。然而大量证据表明，由于化石燃料的排放和其他的不良做法，文明正在破坏它赖以存续的稳定气候。目前，两极的冰原都在崩塌。安第斯山脉和喜马拉雅山脉的冰川正在融化，有些冰川仅在 25 年内就消失了。干旱和异常炎热的天气已经导致世界粮食产量连续 8 年下降或停滞。但在这 8 年中，多了 6 亿人，这就意味着多了 6 亿张需要吃饭的嘴。

持续变暖已经够糟糕的了，但最坏的结果将是地球的气候平衡突然被颠覆，回到极不稳定、冷暖剧烈变化的状态。如果发生这种情况，庄稼将处处歉收，文明的伟大实验将迎来灾难性的结局。而人类的食物选择也已特化，只能食用某些特定种类的食物，所以在自然面前，我们非常脆弱——就像已灭绝的剑齿虎一样。

第
三
章

傻瓜的天堂

古代社会其实一点也不古老，那些旧时光离现代社会一点都不远。没有一座城市或是纪念碑的历史超过了 5000 年。如果一个人的生命长度大概有 70 年，那么整个人类文明的生命长度不过约莫 70 个 70 年，[1] 而人类祖先早自 250 万年前就已开始打制锋利石器了，如此比较起来，文明史的长度只占人类史长度的约 0.2%。

在上一章中，我概述了狩猎实验在旧石器时代的兴衰。狩猎者的进步，包括其对武器和技术的完善等，直接导致狩猎这种生活方式的终结（除了少数地区的猎物仍然比较充足，所以在那里，狩猎生活还能持续）。接着到了新石器时代，世界上的一些地区发现了农业，可能是由妇女发现的。从那以后，我们的文明实验就开始了，最初，一些独立文明出现，它们各自发展壮大。而在过去的几个世纪里，文明间开始影响并交融（主要通过敌对双方的攻克与征服），逐渐形成一个覆盖全球，消费着全球资源的庞大体系。

如今，有迹象表明文明实验和狩猎实验一样，也可能成为自己成功实验的牺牲品。我提到过核武器和温室气体，单从伤害规模来看的话，原子的核裂变显然比数百万辆小汽车引擎中的小型

"爆炸"要更致命。但如果我们不够幸运，或者不够明智，那么这两者都可能终结文明，因为在过去，也曾有更简单的技术带来了毁灭性的后果。有时，问题出在一个特定的发明或想法上，有时，问题也存在于社会结构中，在权力和财富不断上升、少数人统治的城市文明中，人们挤在一起，却没有更好的出路。

在这一章中，我想谈谈两个因进步而产生的陷阱：一个在太平洋的小岛上，另一个则在伊拉克的平原上。

我在前文提到，那些失败了的文明实验的残骸静静地躺在沙漠和丛林中，这些失落的秘密就像是坠毁飞机上的黑匣子，等待着被人发现、破译、向世界诉说。展望未来的最好方式也许恰恰是通过考古回首过去，因为这样能对人类历史上经历过的方向和动力做深度解读。再回到高更的问题，我们可以这样说：因为"我们是谁，我们从哪里来"，所以"我们才最有可能到哪里去"。

史书常常经过反复斟酌和修改，一些曾发生过的事就这样被我们无意或有意地遗忘了。但考古却可以真实地反映出历史的细节。直至启蒙运动晚期，追求对历史的现实理解才真正形成思潮，但早在伊丽莎白时代，古物收藏家威廉·卡姆登（William Camden）就曾提到人类"频频回望的好奇"。他写道，"逝去的时光似乎成就了永恒，像甜食般带给心灵无穷回味"，[2] 这是人对时间的感触。

那时，也不是每个人的思想都像卡姆登一样开放。有位管辖秘鲁的西班牙总督在安第斯山脉高地上看到了印加帝国首都，在高耸的城墙上，镶嵌着宝石般的巨石，他向国王写信道："我考察了印加人建造的堡垒……这简直就是魔鬼的作品……不管怎么看，都不像是人类的力量和技巧所能及的。"[3]

即使在今天，一些人还是会待在神秘学的舒适圈中，宁愿相信古代奇迹是由亚特兰蒂斯人、神或太空旅行者创造的，也不愿承认它们是成千上万的普通人在烈日下辛苦劳作的成果。这种想法既否定了祖先们步步走来的艰辛，也否定了我们百万年来好不容易积攒的经验，因为这样一来，每个人都只会相信自己愿意相信的历史，而不再关注那些真实存在的骸骨、陶片或是碑文。如此一来，人类也就无法认识到，散落在世界各地的文明其实都在一次次取得类似的进步，又一次次犯下同样的错误。

大约在西班牙入侵秘鲁两个世纪后，一支荷兰舰队在智利以西、南回归线以南的海域行驶，却看到了一幅比安第斯人的巨石建筑更令人敬畏、更令人费解的景象。那是在 1722 年的复活节，这些荷兰人登上了一座未知的岛屿，岛上树木稀少，土壤受到严重侵蚀，连荒山都被他们误认为是沙丘。他们走近，震惊地看到数百个巨型石像静静矗立在那里，有些石像甚至和阿姆斯特丹的房子一样高。"这简直无法理解，没有厚重的木材或结实的绳索，他们怎能建造出这足有 10 米高的石像？"[4] 50 年后，英国的库克船长来到这里，他的描述再次证明了岛上是多么荒凉："没有燃料，也没有淡水。"他还提到岛上居民的小独木舟仅仅是将海上漂流的木头收集起来固定在一起，好像拿着碎皮料东拼西凑缝出一双鞋一样，太平洋上没有比这更差劲的船了。最后船长总结说，大自然"对这座岛屿简直太吝啬了"。[5]

因荷兰人在复活节登岛，人们就把这座神秘的岛屿叫作复活节岛。让每一位早期到访者都震惊不已的，不仅是这些巨大的石像居然就这样矗立在如此偏僻的地方，还有这些石头似乎像是从天上落下来的一样，好像没有借助任何工具就被放置在那里了。西班牙人把恢宏的印加建筑视为魔鬼的作品，是因为他们不愿承认另一个文明也能取得如此成就。但面对着复活节岛上的巨石，即使是科学家也很难一下子说出它们的来由。这些石头就这样站在那里，无视常理，嘲讽着人类的无知。

现在我们终于揭开了谜底，而谜底却令人毛骨悚然。其实库克船长的总结并非真相，大自然并没有吝于对这座岛屿的恩惠。[6] 对该岛火山口湖的花粉研究表明，这里曾经是一片水草丰盛的绿洲，肥沃的火山土灰非常有利于智利椰树[7]的茁壮生长，这是一种可以长得像橡树一样大的优质木材。复活节岛并没有遭遇自然灾害，如火山喷发、干旱或是疾病等，相反，岛上的灾难是人为的。

早自公元 5 世纪，马克萨斯群岛（Marquesas）或甘比尔群岛（Gambiers）上的波利尼西亚人就已陆续来此定居，并称这座岛为拉帕努伊岛（Rapa Nui）。他们乘大型双体船① 抵达，船上载

---

① 将两艘船横向连接在一起，这样不容易翻船，因此称为双体船。——译者注

满了农作物，包括甘蔗、香蕉、甘薯，以及用来制作树皮布的桑树等，还有饲养的动物，包括狗、鸡，以及可食用的鼠类等。[8]〔托尔·海尔达尔（Thor Heyerdahl）认为，复活节岛上的居民来自南美洲。最新研究似乎并不支持这一理论，而认为秘鲁和大洋洲间可能曾发生过零散接触。[9]〕复活节岛上的气候对面包树和椰子树来说太过寒冷，但岛屿上及周边海域产有丰富的鱼、海豹、鼠海豚、海龟和会筑巢的海鸟等。五六个世纪过去，定居者已增加至约 10000 人，对于这座不到 166 平方千米的小岛来说已经很多了。他们以岩石为地基建造房子，逐渐形成村落，并开垦了最肥沃的土地种田。在社会阶级方面，他们也有了不同的氏族和阶层，如贵族、牧师、平民等，且可能有一位至高无上的首领或是"国王"。如同其他岛屿上的波利尼西亚人一样，每个氏族都开始建造巨大的石像，以纪念自己的祖先。他们将原材料从火山口的凝灰岩中凿出，并将雕刻好的石像安放在海岸边的空地上。随着时间的推移，雕像崇拜的比拼变得越来越奢侈，在欧洲中世纪的同一时期达到顶峰，那时正值金雀花王朝统治着英格兰。

每一座石像都比上一座更大，因此也就需要更多的木材、绳索和人力，这样才能把它们拖到石台或祭坛上。很快，砍伐树木的速度超过了它们的自然生长速度，而村民的食物——老鼠又吃掉了种子和树苗，这让问题变得更加严重。对火山口湖的化石积层的考古研究显示，从公元 1400 年之后，化石中就找不到树的花粉了，这说明自那时起，原生森林已被岛上最大和最小的哺乳动物（人和老鼠）彻底摧毁。

我们可能会疑惑，复活节岛这么小，只要爬上岛中央的特雷瓦卡山，从山顶往下望，整座岛屿的情况不就一目了然了吗？既然这样，他们为什么不采取一些措施，比如停止砍树、保护幼苗、重新栽树等，来保护森林呢？而且，既然已经看到树木如此稀缺了，为什么不少建造一些石像，留着宝贵的木材造船或是修屋顶呢？明明这些才应该是最重要的事啊？然而，砍倒最后一棵树的人明明知道再也不会有另一棵树了，还是眼睁睁地看着最后一棵树轰然倒下。[10] 从此复活节岛上再没有树影婆娑，独留祖先石像棱角分明的阴影，于是人们对其顶礼膜拜更甚，因为有石像相伴，他们也不会感到那么孤独。

又一代人过去了，旧木头还勉强够用，人们还能用它来拖运巨石，村子里也还留有几艘适合在深海中航行的独木舟。终于有一天，最后一艘完好的船也坏掉了。那时人们终于意识到，以后再没有那么多海鲜可以吃了。剩下的海鲜很快被消耗殆尽，而岛上的人已经陷入无处可逃的绝望境地。木头，在当地语言中叫作"rakau"，已经成了最宝贵的资源。为了争夺先人留下的厚木板，或只是一些虫蛀了的空心漂浮木，战争开始了。后来，人们把所有的狗都杀掉吃了，也把能抓到的鸟都吃光了。岛上变得更加安静，安静得让人有些难以忍受。现在，除了被称为摩艾（Moai）的这些占地面积巨大的石像以外，岛上已经空空如也。然而，人们还相信着，只要他们继续虔诚地保持对祖先的信仰，并且建造越来越多的石像，祖先就仍会保佑他们，给他们带来丰厚的回报。"但是，"雕刻者问道，"亲爱的祖先啊，我们已经没有木头了，该如何带你去祭坛呢？"石像回答道，"没关系，到时候他们会自己走过去的。"于是，采石场的敲击声仍然日夜不休，人们在火山口的岩壁上凿出了数百个新的石像，因为不需要运输，所以就把它们建造得越来越大。祭坛上最高的石像超过 30 英尺，[11] 重达 80 余吨。而岩壁上的石像居然高达 65 英尺，[12] 重 200 余吨，几乎和印加人或埃及人加工的最大石雕尺寸相当。不过有所不同的是，这样大的巨石自雕刻出来就没有移动过一步。

到最后，岛上有超过 1000 个摩艾石像，在文明全盛时期，每 10 个原住民就拥有一座石像。但美好的日子已经一去不复返了，最后连土地都因缺乏植被覆盖而被狂风卷起，被泥石流裹挟着冲入海中。复活节岛文明被进步所诱惑，而进步逐渐变为一种狂热，或如人类学家所言，成了一种"病态的意识形态"。当欧洲人在 18 世纪抵达这里时，最糟糕的时代已经远去，只剩下几个原住民在石像下苟延残喘。库克船长记录道："这些可怜的幸存者矮小羸弱，胆子很小，脸上全是悲惨的神情。"[13] 早就没有木头来做屋顶梁了，这些原住民就住在山洞里，唯一的建筑只剩下石头搭的鸡舍，这是他们日夜守护的，除人类之外唯一的蛋白质来源了。欧洲人听说了岛上的故事，武士阶级夺权，村庄火光漫天，人们自相残杀，甚至还发生过人吃人的惨剧，整座岛屿都因为这些惨案而不安地颤抖。在末日里，人们将原本用来制造工具的黑曜石（断面锋利的火山晶体）转而用来制造武器。[14]匕首和矛头成为岛上最常见的手工制品，被成堆成堆地囤在坑中，就像现代生存主义者囤积的手榴弹和步枪一样。

这还不是最糟的。从 1722 年荷兰人登岛到库克船长登岛，中间的 50 年里，岛上敌对的氏族再次交战，对方祖先的石像也成了攻击对象。库克船长发现，有些摩艾石像翻倒在台子上，已经被摔得断裂，或者被斩首，石像废墟周围也散落着人骨。没有可靠的文字记载战争的原因及具体情况。战争也许始于敌对氏族之间的暴行，就像第二次世界大战中欧洲国家轰炸天主教大教堂一样；[15]也许与外来者有关——水手们乘着原住民眼中的"豪华巨轮"登岛，打破了岛上的寂静。他们带来了难以想象的大量财富，也对原住民形成了很大威胁。木材重新出现在原住民面前，可是与之一同出现的还有疾病和死亡。与水手的混战常常以原住民在海滩上被枪杀而告终。[16]

我们不知道苛刻的摩艾石像曾经承诺怎样庇佑他们的子孙，但外来者的闯入似乎打破了"桃花源"中的平衡，暴露出岛民对石像的崇拜不过是无谓的幻象。岛民不再崇拜石像，极端的信仰变成了极端的祛魅。无论出于什么样的目的，原住民开始破坏复活节岛，这一过程至少持续了 70 年。巨型石像越来越少，直到祭坛上一座完整的石像都不复存在。[17]对石像建造者仅存的后代来说，石像的拆除工程一定极其艰巨。然而，这项工程规模之彻底，计划之精密，无不反映出这个民族对父辈短视的强烈愤怒，以及对逝者鲁莽行事的彻底反抗。他们对祖先的仇恨远甚于彼此之间的矛盾。

复活节岛带给我们的教训仍时时浮现在眼前。考古学家保罗·巴恩（Paul Bahn）和约翰·弗莱利（John Flenley）在 1992 年合著了《复活节岛，地球岛》（*Easter Island, Earth Island*）一书。他们在后记中明确呼吁：

> 复活节岛原住民的经历已经让我们看到，一个允许人口无限制增长、随意挥霍自然资源、破坏生态环境、不顾一切崇拜宗教的文明实验，其后果是什么样子的。他们人为造成的一系列生态灾难最终也让自己陷入绝望……所以，明知道后果，我们还非要在更大的规模上做一遍相同的实验吗？非要做那个砍倒最后一棵树的人吗？[18]

最后一棵树。最后一头猛犸。最后一只渡渡鸟[①]。照这样下去，也许我们也会眼看着最后一条鱼和最后一只大猩猩消失在历史长河中。如果给"伤害地球"一案的嫌疑人画像的话，我们就是不可理喻的连环杀手。但我们是不是一直都在扮演这样的角色

---

① 渡渡鸟，一种不会飞的鸟类，原产于毛里求斯，后因人类活动而灭绝。——译者注

呢？以后也要继续下去吗？难道所有的人类文明都注定要受到自身逻辑的重压，蹒跚前行直至被压垮吗？问题的答案，以及较有用的补救措施，就像我之前提到的，可能就藏在曾经辉煌过的文明故事里。

复活节岛文明的环境受到岛屿面积的限制，几乎与世隔绝，因此具有一定的特殊性。那么它的故事能给其他普遍意义上的文明带来什么启示呢？在上一章中，我提出了一个技术性定义：不管是古代文明还是现代文明，它们都是大型、复杂的社会，建立在对植物、动物和人类的驯化基础上，通常包括城镇、城市、政府、社会阶层和社会分工等。但复活节岛并不完全满足这些标准。岛上居民只有 10000 人，只是一个小型社会。没有城市，政治结构充其量只是一块酋长的领地，而不是一个国家。但这个文明确实有阶级和职业（比如石雕师），其成就也可以与某些大型文明的成就相提并论。[19] 而且，它的与世隔绝反而成了一个得天独厚的条件，让它变为了更复杂体系的一个缩影，比如地球，我们的家园，也是一个在太空中漂浮的大型岛屿。复活节岛对整个人类文明的意义，已远远超出它之于自己的意义。这就好像，有一盘拳击录像带忠实地记录着一个人怎样把自己打倒，而我们可以一遍遍地慢速回放他的每一个动作，不断分析，并从中吸取教训。

一些作者可能会从武器和胜利者的角度看待历史，重点强调不同大陆、不同文化发展的速度不尽相同。但给我带来惊喜的是，即使人类身处世界各地，彼此独立于不同的文化、不同的生态环境，我们依然在短时期内做出了非常相似的事情。这对于理解我们人类是一种什么样的生物来说是非常重要的。

到了距今 3000 年前时，文明已经在美索不达米亚、埃及、地中海、印度、中国、墨西哥和秘鲁等至少七个地方发展起来。[20] 考古研究表明，其中只有大约一半的文明是从其他地方获得农作物，并从其他文化中获得启迪的。[21] 其余的文明都是从零开始独立发展起来的，而且那时候他们根本不知道，世界上还有其他人也在做同样的事情。这种思想、过程和形式的时间并行性，让我们了解到一个关键的事实，那就是在整体条件大致一致的情况下，世界各地的人类社会都会朝着一个大方向发展，即文明的规模更大、内部系统更复杂，并对环境产生更多资源需求。

复活节岛的微型文明是世界上最后一批独立建立、独立发展的文明之一。而起源于今伊拉克南部地区的苏美尔文明则是最早的一批文明之一。目前，我们还不知道苏美尔人确切的族系和语系，但可以确定的是，他们为后来旧世界的闪米特人和其他文化确立了一种文化模式。[22] 苏美尔人慷慨地向我们展示自身文明最好和最坏的一面，他们在陶片（算是人类最为古老的媒介之一）上写下楔形文字讲述他们的故事，其字形就像是训练有素的鸟儿踏下的足迹。在英国的巨石阵和埃及金字塔初步建立的同一时期，他们写下了世界上最古老的文字故事，名为《吉尔伽美什史诗》（*The Epic of Gilgamesh*），歌颂"围墙高耸的乌鲁克城（Uruk），宏伟壮观的街道。"这部史诗已描述了伊甸园、大洪水等我们熟知的，《希伯来圣经》（*The Hebrew Bible*）中的场景，并包含一些可能因不雅而未收录在《摩西五经》（*Pentateuch*）中的其他故事。其中，有一段故事描述了野人恩奇都（Enkidu）被一位"快乐地享受原始欲望的"妓女引诱到城市中，不由得让我们回忆起自己是如何从狩猎生活一步步走向农田和城市的：

> 现在，所有的野兽都逃走了；恩奇都饿得十分虚弱，但他的心中有了智慧，也有了身而为人的思想。于是他回来，在女人脚边坐下，专心地听她说："恩奇都，你非常睿智。如今你已变得像神一样，为何还要在山上像野兽一样狂奔？跟我来，我会带你到城墙高耸的乌鲁克城，去被护佑的、充满爱和幸福的神庙，伊什塔尔（Ishtar）和阿努（Anu）：那里住着国王吉尔伽美什，他非常强大，统治着人类世界。"[23]

关于中东地区，上一章中提到，人类在新月沃地上开启了农耕生活。而纵观人类历史，此处一直是非洲、欧洲和亚洲的十字路口。早在旧石器时代，尼安德特人和克罗马农人就已经在这块土地上斗争了大约五万年，他们随着气候的波动而南北迁徙，"分时共享"同一个山洞，彼此相遇时则可能会相互残杀。如果我们回到史前时期，用收音机随便调到某一年的频率上收听中东地区的新闻，就会发现，这里有史以来都冲突不断，碰撞出无限的创造力。

但如果我们认为，鉴于其得天独厚的自然条件以及适合驯养的动植物种类，新月沃地上的文明发展起来一定很容易，那就错了。即使经过几千年的耕作和放牧，中东最大的几处聚落的占地面积仍很小，如死海附近的耶利哥和安纳托利亚的加泰土丘仅分别占地 4 万平方米和 12 万平方米。[24]

如果说人间真的有伊甸园，那么就是中东地区了。但在这里，蛇并不是人类唯一的敌人。由于人口数量超过环境承载量，对土地的竞争陷入白热化，从耶利哥和其他地方戒备森严的防御工事可见一斑。农业生活也不比狩猎生活轻松健康：与非农耕人相比，农耕人的体型更小，劳作时间也更长。从加泰土丘的墓葬中可以推断，当地平均预期寿命为女性 29 岁，男性 34 岁。[25] 考古证据表明，到了公元前 6000 年，森林面积显著减小，水土流失也很严重。无节制的放火和过度牧羊可能是导致环境问题的罪魁祸首，而煅烧石灰（用于制造石膏和白石灰水）也毁掉了林地，让沃野变为荒漠，繁茂森林只余低矮多刺的灌木。到公元前 5500 年，许多新石器时代早期的聚落已遭废弃。[26] 就像在复活节岛上一样，人类又一次把自己的住处搞得一团糟，甚至把它完全毁掉了。不知道是幸运还是不幸，这里的境况与复活节岛相比，唯一的不同就是人们还能逃去其他地方重新开始。

从历史的角度来看，上帝带火的剑像极了人类胡乱燃起的山火。被自己驱逐出新月沃地这个伊甸园后，人类又在底格里斯河和幼发拉底河中下游的冲积平原上找到了第二个天堂。这片土地后被称为美索不达米亚，或伊拉克。这片天堂在现代战争中陨落的景象让我们印象深刻：漫漫平原上，看不到完整的树木，绿洲即将干涸，盐碱地遍布四方，沙尘暴肆虐，原本干净的水面覆盖了厚厚一层油膜，烧毁的坦克、崩塌的文明遗迹随处可见，土砖被抛到阳光下暴晒，被狂风撕扯。那些被摧毁的古老废墟，它们的名字仍在耳畔回响，"巴比伦，乌鲁克……还有先知亚伯拉罕的出生地，迦勒底的吾珥（Ur of the Chaldees）。"

早在公元前 5000 年至公元前 4000 年，伊拉克南部已经是一片富饶的三角洲湿地，河道中鱼群如云，芦苇与房屋同高，沙洲上长满了椰枣树，野猪和水禽生活在藤林中。在冲积平原上，"春种一粒粟，秋收万颗子"，这片位于波斯湾入海口的新土地给人们带来了太多惊喜。其实，从某种意义上来说，这些"新土地"仍然是从废弃聚落那里过来的"旧土地"，因为那些因人类活动肆意破坏而流失的土壤又被冲到了河流的下游，如《圣经》所言，是"从伊甸园中驱逐出来的"。[27]

上帝给了亚当和夏娃的子孙第二次活下来的机会，但这一次，在再次建起的伊甸园中，人类无法再像之前那样尽情索取，只能靠辛劳和汗水生存下去。"开发这个天然的天堂，"戈登·柴尔德在他的经典著作《最古老的东方》（The Most Ancient East）中写道，"需要大量的劳动力和有组织的合作。人们必须自己开发耕地……比如分离水和土壤、排干沼泽地的水、控制洪水产生的灾害，并通过人工渠将生命之源引向无雨的沙漠"。[28] 我们看到，至少在这个例子中，随着文明等级越来越高，其对于水资源的控制愈发精密，对于水资源的需求也在不断增长。[29]

散落各处的泥土村落逐渐发展为城镇。到公元前 3000 年，城镇已逐步演化为小城市，它们不断地在废墟上重生，在平原之上崛起，形成一个个碉堡状的土丘。在其 1000 年的历史中，苏美尔文明由十几个这样的城市主宰，每个城市都是一座小型城邦的中心。而在此期间，只有两次短暂形成过统一的王国，第一次是闪米特人对萨尔贡（Sargon）的入侵，第二次则是吾珥第三王朝。目前有观点认为，4/5 的苏美尔人居住在市中心，而人口总数仅有 50 万左右。而同时期的埃及人大多居住在农村地区，人口总数约为苏美尔人的 3 倍。[30]

早期，苏美尔人的土地是公有的，人们会将收获的粮食，或至少是多出家庭所需的粮食，带到城市的神社。神职阶层会负责人类和神的相关事务，比如夜观星象、指导灌溉工程、提高庄稼质量、酿酒，以及建造更宏伟的寺庙等。随着时间的流逝，这些城市愈发壮大，层层叠加似人造山丘，山丘顶部建有典型的美索不达米亚风格的阶梯金字塔，或说通灵塔（Ziggurat），它被视为统辖人类的圣山。[31] 这些建筑就是以色列人口中的巴别塔的原型。神社最初起源于村庄中的合作社，后来垂直发展成为第一批由官员和雇员组成的公司，承担着"管理神灵之财"的工作，且"并非无利可图"。[32]

伊拉克南部的平原是肥沃的农田，但缺乏城镇生活所需的其他东西。人们需要用自产的谷物和纺织品与外界交换，得到木材、燧石、黑曜石、金属，以及用于建筑、雕刻和研磨食物的石头。因此，这里很早就出现了有轮推车、套轭的牛，以及铜器等物件。[33] 贸易和财产变得非常重要，从那时起就一直是西方文化的核心。中东人将他们的神视为大地主，将自己视为农奴，"在主的葡萄园里辛勤劳作"。与埃及、中国或中美洲发明文字的目的不同，苏美尔的文字起初并非用于圣典、占卜、文学，或是王国的宣传等，而是用于记账。

随着时间的推移，神社日益臃肿，眼中只看到自己的利益，对百姓的剥削加剧。他们的社会中虽然也出现了私有制等资本主义要素，但仍然缺乏亚当·斯密提倡的"自由竞争"。苏美尔的神社由神"授权"，可被视为垄断企业，类似中世纪的修道院或云游布道者。然而，他们的生活方式并非修道院式的，比如《吉尔伽美什史诗》就暗示，庙宇中曾有过卖淫行为。[34] 也许苏美尔的神职人员的确对神灵十分虔诚，但那时的老百姓仍不可避免地因轻信于他们而受到操纵。说得难听一些，这些神职人员算得上是世界上最早的骗子，他们干着敲诈勒索的勾当，手里牢牢攥着世间永恒的摇钱树——保护费、酒和女人。[35]

最初，神社的职责是保护百姓免受自然力量和诸神之怒的伤害。但随着社会不断发展，城邦间发动的战争也波及了每个人。同时，他们的财富也吸引了山区和沙漠居民前来劫掠，这些人虽然文明程度不高，武力却比城镇居民更强。为了抵御外敌，苏美尔文明最大的城市乌鲁克 36 在城市周围高高竖起城墙，这座占地1100 英亩，37 拥有 50000 人口的城市固若金汤，成为一代奇观。

"让我们登上乌鲁克的城墙吧，"吉尔伽美什王邀请道，"沿着城墙走一走，看看它的基石，还有这些砖瓦活儿，无一不饱受战火洗礼，难道还能说它们质量不好吗？"38

在发明了灌溉、城市、公司和文字之后，苏美尔人又增设了职业军人以及王位世袭制。国王们从寺庙中走出来，住进恢宏的宫殿里，39 把宫殿作为自己与神连接的场所，宣称自己是神在人间的代言人，通过天降神谕来宣示自己神圣的地位。这种君权神授的观念后来在很多文化中都有所体现，且一直延续到现代。40 随着王权的出现，文字也有了新的用途，那就是记录王朝的历史，歌颂国王的伟大。贝托尔特·布莱希特（Bertolt Brecht）曾写过一首诗，记录建造金字塔的劳工仰望金字塔时发出的感叹：

> 书中写满了国王的名字。
>
> 是国王们拖动了这些巨大的石块吗？
>
> ……
>
> 年轻的亚历山大征服了印度。
>
> 是他一个人做到的吗？

到了公元前 2500 年，由城市和公司集体拥有土地的时代已经过去，土地已归领主和大家族所有。苏美尔的百姓成了农奴和佃农，[41] 在百姓之下还有长期存在的奴隶阶层。作为西方文明的一项特征，奴隶制一直延续到 19 世纪。

国家将使用胁迫性暴力的权力据为己有：他们有权施用鞭刑、处决囚犯、将年轻人送上战场。J. M. 库切（J. M. Coetzee）在著名小说《等待野蛮人》（*Waiting for the Barbarians*）中用"文明的黑暗之花"[42] 来形容国家霸权将酷刑、非法监禁、示众刑罚等暴力手段美化成正义的过程。

在苏美尔文明以及其他文明中，君王的特权还包括各种形式的人祭，比如有权让其他人为自己陪葬。吾珥王的陵墓被考古学家称为"死亡之坑"，是已发现的人类史上第一次大规模的皇家墓葬，骸骨包括王室成员、家臣、仆人和建造该墓的工人——男男女女加起来大约 75 人。他们的骨架像抽屉里的勺子一样叠放在一起。[43] 在世界各地，从埃及到希腊，再到中国和墨西哥，"君贵民轻"的想法总是一次次地被强化。[44] 负责封住坟墓最后出口的劳工被在场的卫兵灭口，而卫兵自己又被外围的其他卫兵灭口，如此反复，直到先王的遗嘱执行人认为死者的安息之地已足够安全，陪葬的规模也大到足以显示王权尊贵。

我们之前倾向于将古时候的北美洲视为非城市化和自由主义存在之地，但最近，人们通过考察墓葬发现，在哥伦布发现美洲之前，当地一座名为卡霍基亚（Cahokia）的城市明显具有陪葬习俗。这座城市与乌鲁克差不多大小，其土制金字塔现在仍然矗立在圣路易斯附近的密西西比河边。[45]

在整个古代世界，统治者都在上演终极政治戏剧：公开用俘虏做祭祀。19世纪的阿散蒂王国的一位国王坦率地告诉英国人，"如果我废除了活人祭祀，我就放弃了控制百姓臣服于我的最有效的方法"。[46] 当时，英国殖民者正把反叛的印度人绑在大炮口上炸成两半，在这方面他们不需要听从别人的建议。但是每种文化都有自己的准则，对刑罚的敏感度也有所不同。在墨西哥，西班牙殖民者看到当地人仪式性地用刀片刺穿囚犯的心脏，十分震惊不安。反过来，当地的阿兹特克人看到西班牙人竟把人活活烧死，也同样感到惊恐。

从人类出现的那一刻起，暴力就诞生了，但在文明史开始后，暴力变本加厉，让人更加惊惧。通过吾珥王的"死亡之坑"，可以一窥此后5000年形形色色的大型墓葬。比如近期发现的波斯尼亚和卢旺达的殉葬坑，还有，再次回到伊拉克的土地上，萨达姆·侯赛因像古代统治这里的国王一样，将自己的名字刻在重建自己纪念碑的砖块上，正如一场场轮回。和狩猎－采集者社会不同，在文明社会中，"你是谁"总是很重要的。在旧石器时代，大家庭围在篝火旁其乐融融，离开那片篝火后，人类又走了很远的路。有些人已经成为众人口中的"半神之躯"，而另一些人仍然只是一具肉身，注定要为高贵的上等人辛劳一生，甚至要为他们陪葬。[47]

在机械化耕作开始之前，粮食种植者，无论是农民还是奴隶，其人数都超过了靠剩余粮食为生的精英和专业人士，比例约为十比一。而这些百姓辛劳一生，所得也不过是满足温饱，只能通过一些社会风俗和信仰聊以慰藉内心苦楚。如果运气不错，所在的国家相对比较开明，那他们就会在农作物歉收时得到一些公共援助。他们对于君主注重民生和富者慷慨解囊的希冀，在某种程度上保留了下来，可以在许多语言中找到依据。现代英语中的"主"（lord）一词来自古英语中的"hlaford"，意思是"守护面包供应的人"（loaf-ward），还隐含了百姓对其"愿意将守护的面包分享给别人"的期待。印加人的"皇帝"一词是"qhapaq"，意为"慷慨的、丰厚的"，指一位收集大量财富且将财富重新分配的人。印加皇帝的另一个头衔是"wakchakuyaq"，意为"照顾弱者之人"。[48]夏威夷的酋长被他们的长老警告不要囤积食物或货物："你的手必须永远敞开，这关系到你的威信。"[49]有人说中国皇帝的首要职责就是养活自己的百姓。据历史记载，大多数古代农业社会，包括古代中国在内，一直饱受饥荒之苦，直至进入现代社会才有所好转。[50]在第三世界国家，粮食问题从古至今都是一个大问题。古时候，大多数国家都没有找到良好的食物储存方法，也缺乏运输工具，一旦危机规模稍微大一些，就没办法应对。相对来说，印加帝国和罗马帝国算是最有能力应对饥荒的国家了，这并不是什么巧合，这两个国家的疆土都横跨几个气候区，有着良好的仓储条件、道路和海路运输。

像苏美尔这样规模较小的文明，依赖于单一的生态系统，没有高地，因此尤其容易受到洪水和干旱的影响。这些灾难，不管是在当时还是在现在，都被视为"神的惩罚"（或诸神的惩罚）。苏美尔人只能隐约地意识到，人类活动可能才是灾难真正的起因。就算是到了现在，我们对这个事实也只有模糊的概念。比如说，虽然冲积平原迟早会发生洪水，但如果再对河流上游流域内的森林大肆砍伐，洪水就比以前更加凶猛致命。因为森林的地表会覆盖有灌木、苔藓和一层松软的壤土，它们像大海绵一样工作，吸收雨水，让水慢慢地渗入下层土壤，而树木又从土壤中吸水，并将水分温和地散发到空气中。但是如果在某一个地方，原始森林被过度砍伐、土壤被焚烧，人们在此过度放牧、过度犁作，那么深层土壤就会裸露在外，天气干燥时被阳光直射炙烤，下雨时又像光滑的屋顶一样存不住水土。如此恶性循环，最终的结果就是山洪暴发，有时还携带大量的淤泥和砾石，像液体混凝土一样从陡峭的峡谷中冲出。一旦洪水到达了冲积平原，它们就会放慢速度，把砾石倾倒出来，而棕色的泥水则慢慢散开，流向大海。

洪水惊人的冲积力量在美索不达米亚地区体现得尤为明显。在苏美尔人有记录以来的 5000 年中，由于两河流域大量泥沙淤积，波斯湾入海口已经形成了长约 80 英里的冲积平原。[51] 伊拉克的第二大城市巴士拉在远古时期是一片汪洋。[52] 苏美尔的平原有 200 多英里宽。[53] 当百年一遇的大洪水来临的时候，国王站在寺庙中，能清晰地感受到脚底的土地正在变软，而他视线所及之处只余茫茫水雾，把天地之间的空隙悉数填满。

亚当和夏娃不仅把自己赶出了伊甸园。他们在伊甸园中留下的千疮百孔的土地也导致了后来发生的诺亚大洪水。[54] 早期城市的堤坝很低，非常容易被淹没，如果洪水来袭，唯一的避难所就是船。在《吉尔伽美什史诗》中，一个叫作乌塔那匹兹姆（Utnapishtim）的人以第一人称视角生动地描述出暴虐的天气以及决堤的洪水，很多都是当时真实发生的事件。[55] 这不仅是《圣经》故事的早期版本，更是人为灾难的第一位目击者对灾难全过程的描述：

> 在那段时日里，世界上物产丰足，人口成倍增长……恩利尔（Enlil）听到了人间的喧闹声，向诸神抱怨："人类这样吵闹，简直不能容忍，睡觉都睡不好……"于是诸神同意灭绝人类。[56]

风暴之神恩利尔是"人类灭绝行动"的教唆者，而其他的神，爱神和天后伊什塔尔（一说是圣母玛利亚的原型，但没有那么圣洁）也跟着一起行动。但是智慧之神埃亚（Ea）托梦警告乌塔那匹兹姆，让他"赶快拆掉房子，造一艘船，放弃所有财产，把所有生物的种子搬上船，快些逃命去吧！"

> 那一刻终于到来了。随着夜幕降临，风暴之神降

下滂沱大雨。我看了看外面的天气，实在太糟糕了，所以我也上了船，把船舱关好。在黎明的第一道曙光中，一片黑云从地平线上飘来；风暴之神到达了阿达德（Adad），那里电闪雷鸣……然后，邪恶诸神登场了。内尔伽勒（Nergal）将下游的大坝拔起，战斗之神尼努尔塔（Ninurta）则将河堤推倒了，之后，风暴之神像砸碎杯子一样打碎了大地，将白天变成了黑夜。

风吹了六天六夜，激流、暴雨和洪水淹没了整个世界。当第七天的清晨来临，我向外望去，世界已是一片寂静，所有的人都已化为泥土。海面像屋顶一样平坦，我打开舱门，光落在我脸上。我把头埋下去，坐在甲板上痛哭，周围全是水，除此之外，什么都没有剩下。

乌塔那匹兹姆派出鸟儿去寻找陆地。当洪水逐渐退去，他烧香引来了众神，但他暗示真正吸引诸神而来的是泥浆中尸体的臭味。他说众神"像苍蝇一样聚集在祭品上"。与将彩虹放在云彩中的耶和华不同，苏美尔的诸神在大洪水后没有对人类做出任何承诺。伊什塔尔用手指了指自己的项链，只说她会记得。恩利尔看到人类建造的方舟，很生气地问，"难道还有凡人侥幸活下来了？不应该有任何一个人逃脱的"。曾发出警告并拯救了人类的埃亚，谴责恩利尔的所作所为，并哀伤地吟唱道：

> 我宁愿是狮子来踩蹋人类，也好过这场大洪水。
>
> ……
>
> 我宁愿是饥荒来毁灭世界，也好过这场大洪水。

埃亚说这些话时应该多想想才是，因为一不小心就会一语成谶。伦纳德·伍利爵士（Sir Leonard Woolley）在两次世界大战的间歇对苏美尔文明遗址展开挖掘，写道："那些见过美索不达米亚沙漠的人都会觉得古代文明有太多不可思议之处，过去和现在竟有如此鲜明的对比。如果吾珥曾经贵为帝国首都，如果苏美尔曾经是一个巨大的粮仓，又怎会落得人口灭绝、土地荒芜的下场？"[57]

要回答这些问题，只需要一个字：盐。河流会把岩石和土壤表面的盐冲刷出来，并将其随着水流带入大海。但当人们出于耕作需要，将河水引到干旱的土地上时，水分就会蒸发，而其中的盐分就会析出。灌溉也会造成内涝，使含盐的地下水向上渗出。除非有良好的排水系统，定期休耕，同时降水量还要足够，这样土地的含盐量才能保持在适中的水平，否则灌溉土地只会给未来留下一片盐田。

伊拉克南部是最容易开始灌溉的地区之一，却偏偏是最难维持灌溉的地区之一，这就是人类进步带来的诱人的陷阱。在几个世纪的丰收之后，这片土地开始与它的耕作者作对。第一个迹象是小麦的减产，这种作物的产量对于农民来说起到一个警示作用，就像煤矿工人的金丝雀一样。[①] 随着时间的推移，苏美尔人不得不用大麦来代替小麦，因为大麦对盐的耐受性更强。到公元前 2500 年，小麦只占作物的 15%，而到公元前 2100 年，吾珥国已经完全放弃了小麦。作为世界上第一个实施大型灌溉计划的文明，苏美尔人无法预见新技术会对环境产生什么后果，所以也很难去责备他们的无知。但政治和文化的介入无疑让土地"盐"上加霜。当人口较少时，城市尚且能够通过延长休耕期、放弃被毁坏的田地和开发新耕地来避免过度农耕带来的问题，尽管这需要付出更多的努力，也需要更高的成本。但到了公元前 3000 年中期后，彻底没有新的土地可供利用了。当时，人口处于高峰期，统治阶级的集权让国家头重脚轻，而长期的战争又需要大量军饷支持——这种情形几乎总是带来麻烦。与复活节岛上的居民一样，苏美尔人也未能通过社会改革来应对环境问题。[58] 相反，他们更高强度地投入农业生产中，尤其是在阿卡德帝国（约公元前 2350 年到 2150 年）和吾珥第三王朝的绝唱时期（于公元前 2000 年沦陷），而生产强度越大，环境就越无法休养生息，彻底陷入了恶性循环。

昙花一现的吾珥帝国表现出与复活节岛上的居民相同的行为

---

① 早期煤矿工人下矿时，会带一只金丝雀，通过查看金丝雀的情况来判断矿井内的瓦斯以及其他有毒气体的含量，确保工人自己的安全。——译者注

模式，那就是坚持根深蒂固的信仰，墨守成规，掠夺未来的资源给现在买单，将最后的自然资源用于不计后果的、彰显荣耀的奢侈与狂欢。运河越来越长，休耕期越来越短，人口爆炸式增长，生产盈余全部集中起来支持宏伟壮观的建筑工程。确实有几代人享受到了繁荣（对统治者而言），但随即，美索不达米亚南部从此一蹶不振，再也没能恢复生机。[59] 到公元前 2000 年，官员们报告说土地已经"完全白了"[60]。包括大麦在内，所有的粮食产量剧减，产量下降到原来的 1/3。苏美尔几千年灿烂辉煌的文明就此走向终结。政治权力向北转移到巴比伦和亚述，后来又转移到信仰伊斯兰教的巴格达。美索不达米亚东北部的灌溉情况比南部稍微好些，但即使在那里，又有哪个帝国愿意从过去的经验中吸取教训呢？于是，东北部的平原也经历了和南部一样的环境恶化、耕地减产，一直到现代。今天，伊拉克地区的耕地有一半是盐碱地——这一比例在世界范围内已属最高，其次是其他两个冲积平原的文明中心，埃及和巴基斯坦。[61]

苏美尔文明最终面临怎样的命运呢？后来，仍有零星几座城邦留下了一小块耕地，余下的人口形成村落，挣扎着生存下来。至于其他城邦，都荒废在历史的尘埃中了。即使在四千年后，它们周围的土地仍然贫瘠，被进步带来的盐粒染成刺目的苍白。吾珥和乌鲁克地区的沙漠，正是他们自己创造的沙漠。

第四章

金字塔架构

相传在北美洲墨西哥的尤卡坦州（Yucatán）和中美洲伯利兹（Belize）的森林里，住着一位美丽狡诈的女妖，玛雅人称她为伊西塔贝（Xtabay）。有些孤独的猎人在丛林中徘徊了太久，当他们从树叶的缝隙中窥见伊西塔贝时，一下就被她的美色冲昏了头脑，不由得随她向丛林深处走去，就连暮色渐浓都浑然不觉。有那么一会儿，猎人觉得自己离她那么近，以至于可以闻到她野性的香味，感到她的长发拂过面庞。之后，他们就眼前一黑，什么也不知道了。当他们再次醒来时（如果还能醒来的话，因为许多人自此音信全无），已是伤痕累累，鲜血直流，他们吓得魂不附体，完全失去了理智。

性、食物、财富、权力、声望……它们引诱我们前进，使我们进步。随着工业革命的发生和发展，现代意义上的进步，即物质上变得越来越好，已成了当代人的核心信念，引诱着我们不断向前。[1]本书进行到这，读者已和我一起了解了复活节岛文明和苏美尔文明这两个古代文明的兴衰。在他们的时代，大概还没有形成"进步"这一概念，但他们还是一样被自己的欲望所诱惑，并最终走向毁灭。

但是，这两段文明史是否具有典型性？它们的故事是否能够代表地球上所有文明？文明实验是否先天就无法适应环境，注定要因自身的进步而失败？纵观历史，世界各地的文明遗迹都诉说着往日的荣光和今日的苍凉，它们的遭遇似乎证明上述问题的答案是肯定的。然而，现代文明无处不在，热烈蓬勃的景象好像又预示着人类已经跳出了历史的怪圈。我们是不是已经驯服了文明森林中的女妖伊西塔贝，使她不再加害于人，并与她一直幸福生活下去？

在本章中，我将首先概述著名的两个自内部崩溃的文明，即公元 4 世纪时罗马帝国的衰落和公元 9 世纪时玛雅文明的衰落，然后再简要介绍埃及和中国这两个具有顽强生命力的古老文明。古罗马文明和玛雅文明比苏美尔文明出现的时间晚得多，规模也更大，尤其是古罗马文明，远比苏美尔文明要复杂得多。像苏美尔一样，古代玛雅文明也主要由相互敌对竞争的城邦组成。但玛雅文明的人数更庞大，其人口高峰达到 500 万至 700 万人，比苏美尔文明的人口高峰多出了 10 倍不止。[2] 而罗马帝国在其鼎盛时期更是统治着约 5000 万人，足占当时世界总人口的 1/4。

古罗马人和玛雅人之间未曾有过沟通与联系。他们所处的时期从宏观上看相差不多，但分别处于"旧世界"和"新世界"这两个不同地点的社会实验室。这样一来，这两段不同的发展经验对于识别超越时间、地点和文化细节的人类行为来说非常有用。而在我看来，这些宝贵的经验也可以帮助我们回答高更的第二个和第三个问题："我们是谁？我们要到哪里去？"至于第一个问题"我们从哪里来"，在前面的章节中已有所涉及。

复活节岛上的居民和苏美尔人彻底破坏了他们的环境，以至于那里变得完全不适宜生存，最终导致文明覆灭。[3] 而古罗马文明和玛雅文明虽然也经历了内部的溃败，但它们最终却以原始形式的"简化版本"继续存在着，其直系后裔也成了现代文明中的一分子。古罗马文明的直系后裔是拜占庭帝国和那些如今使用拉丁语现代变种的欧洲诸国。玛雅文明没有成立帝国，在 16 世纪时本想要实现复兴，但因西班牙人的入侵而化为泡影。然而，玛雅文化并未完全消亡。如今，有 800 万人使用玛雅语言——与他们古典时代说玛雅语的人数大致相同，并且其中许多人依然遵循着具有鲜明玛雅特色的生活方式，比如组织、信仰、艺术、历法，以及占星学等。[4]

在我的反乌托邦小说《科学浪漫》（ A Scientific Romance ）中，有一个角色将文明称为"金字塔架构"（ pyramid scheme ）。若干年后，我将这个短语作为一篇文章的标题，而那篇文章也为本书的诞生播下了种子。[5] 一座用石头或砖头垒砌而成的金字塔，或是一尊巨大的雕像、一座恢宏的陵墓或一栋高耸的写字楼，这些都可以看成是人类社会这座无形金字塔的具象化表现。而"社会金字塔"实际上由更本原、更深层的"自然金字塔"承载——这包括食物链和周围生态中的所有其他资源，通常也被称为"自然资本"。

古罗马文明和玛雅文明的兴衰也告诉我们，文明确实很像金字塔，文明规模越大，文明发展就越兴盛，就像金字塔的地基越大，造出的金字塔就越宏伟。文明的外围可能是帝国政治和贸易的前沿，或者是密集开发自然资源（如精耕细作），而人们就从这些方面积累财富，并逐步将财富聚集到文明的中心。

这类文明到达鼎盛的那一刻恰恰也是其最飘摇之时，因为此时它对自然的索取也已经到了极限。除非出现新的财富或能源来源，否则它将无力提高产量，也无力应对自然环境变化带来的冲击。对于这样的文明来说，仅有的出路是不断地从自然那里透支未来资源，或从人类身上压榨劳动力。

一旦自然开始要求文明偿债——土壤侵蚀、作物歉收、饥荒与疾病——社会契约就会随之瓦解。也许百姓能在短时间内咬紧牙关忍受苦难，但早晚有一天，他们会发现自己的国王与神灵的关系不过是幻象与谎言。暴乱就此开始，寺庙被洗劫一空，诉说着国王丰功伟绩的雕像被推倒，野蛮的人从城墙外涌进来，最后人们看到，那不可一世的国王光着屁股从宫殿窗户仓皇逃走。

哦，其实我应该在文明崩塌和政治动荡之间做一个区分。以法国、俄国和墨西哥革命等为例，这些政治动荡发生的根本原因在于社会资本无以为继，而非自然资源的枯竭，尽管从表面上来看，土地滥用和饥荒等也可能是剧变的导火索。在社会重建秩序后，文明不仅可以存续，还会继续发展壮大。而真正的文明崩塌则会导致整个社会走向寂灭，在此过程中，会有大量的人死去或四散奔逃。就算文明余烬未灭，也需要几个世纪才能恢复，因为诸如森林、水源、表层土壤等自然资源需要充分的时间再生。

罗马帝国曾有过将近 200 年的极盛时期，但盛极则衰，到了公元 180 年，随着皇帝马可·奥勒留（Marcus Aurelius）去世，古罗马进入了漫长的衰落期。在苏美尔文明崩塌后的两千年里，文明遍地开花。在公元 2 世纪的一天中，阳光会先从中国汉朝的地平线升起，越过印度孔雀王朝的佛塔，俯视印度河和幼发拉底河谷的砖砌废墟，又用两个多小时穿越地中海（此时已是罗马帝国的内海）。当直布罗陀海峡处于正午时分，美洲的教徒们已在墨西哥高地、危地马拉丛林和引水灌溉的秘鲁河谷里迎接黎明。当太阳向西穿过太平洋时，之前那些城市或石砌寺庙已天色渐暗，而从南太平洋的十字路口斐济到波利尼西亚人登上的第一座水半球岛屿马克萨斯，新的一天才刚开始，人们正忙着建造和农耕。

在公元前 4 世纪之后，雅典文明就已经走向衰落了，但在此之前，亚历山大大帝已经将殖民版图由达达尼尔海峡扩大至印度北部，也一并将希腊文化传播到了更远的地方。而埃及是有史以来最保守的文明，经历了多次衰败和复兴，但在如今尼罗河三角洲沿岸的欧式风情中，它依然保留着自己古老的特征。

爱德华·吉本（Edward Gibbon）在他的《罗马帝国衰亡史》一书中提到，"公元 2 世纪时，罗马帝国占据着地球上最富饶的疆土，也坐拥当时最先进的人类文明。"[6]非欧洲血统的人可能不太认同这样的说法。不过，吉本关于罗马帝国衰亡的说法是对的，即古罗马的陷落"将永远被铭记，并且至今仍然影响着地球上的众多国家"。当西班牙人入侵新世界时，罗马帝国的后裔和古玛雅人最终还是相遇了。所有欧洲国家，以及像美国这样的新欧洲国家 7，都渴望追随古典主义美学的脚步，按照理想化的古罗马来塑造自己的社会。但实际上，历史上真正的古罗马并不像它留存下来的建筑和大理石一样干净且富有秩序。8 和许多文明类似，古罗马人也经历了一场又一场危机，在危机中吸取教训，完善社会规则。事实上，英语国家的政治制度不仅承自古罗马的古典主义，也同样要归功于盎格鲁 – 撒克逊人的贡献。

上一章中提到，世界上最早的农耕村落出现在新月沃地或中东高地上。后来，人类过度压榨土地资源，在公元前 6000 年将自己赶出了这个伊甸园。数千年后，这个悲伤的故事在地中海地区再次上演，那些曾经被古老森林覆盖的山地，如今早已看不出当初那生机勃勃的模样。这一次，破坏希腊、意大利南部、法国南部和西班牙地区生态系统的罪魁祸首是火灾、山羊和滥伐。对于这里的人来说，山羊不仅是羊肉和羊奶的来源，还是蹄子上的资本，人们可以在光景好的时候将它们蓄养起来，到了必要时再把它们卖掉或吃掉。由于山羊的生存能力和破坏能力都很强，经常把土地啃得乱七八糟，所以到了最后，除了它们以外，其他动植物都很难在这样恶劣的环境下存活。

虽然林地可以承受一定程度的燃烧和砍伐，但如果放牧太多，树木的幼苗就会被动物吃光，而老树终有一天会死，森林就会无以为继。如果食草动物是野生的，它们在自然界中的天敌（包括人类在内）会将它们的数量控制在合理范围内。但是现在，食草动物变成了家畜，而牧民总是希望自己的家畜越多越好，因此他们就愈发无节制地去放牧。[9]在人口众多和村落贫困的时期，除了放牧之外，人们往往还会开垦山坡用来耕种。随着锄头上下翻动，铁犁缓缓耕过山坡，仅剩的一片土壤也在人类的过度开垦中被毁坏殆尽。这样的情形在如今的发展中国家也很常见。[10]

自公元前 6 世纪早期开始，雅典人已经发现了乱砍滥伐的危害。当时，古希腊的城市人口迅速增长，大部分现有的树木都被砍伐了，穷困潦倒的农民在被山羊破坏的山丘上，硬是又开垦出一些土地用以耕作，这些都给当地的生态造成了灾难性的后果。苏美尔人可能并不知道他们的灌溉方式会对环境造成破坏，等到发现时已经太晚了。而希腊人清楚地知道如果继续下去会有什么后果，所以他们也曾尝试做出一些改变。公元前 590 年，政治家梭伦（Solon）意识到，社会的许多问题都源于贵族与平民之间的矛盾。强权在手的贵族大搞土地兼并，加剧了农村贫困问题，让雅典政局动荡不安。于是梭伦宣布废除债务奴隶制，禁止食品出口，并曾试图禁止开垦山地。后来，雅典的另一位统治者庇西特拉图（Pisistratus）提议拨款种植橄榄。这本来可以成为一种有效的开垦措施，特别是当这项措施与开发梯田相配合时。[11]但可惜的是，这项提议因为资金压力和政权斗争而未能实施，这和当代的某些情形也很类似。大约 200 年后，柏拉图在他未完成的著作《克里提亚斯》（Critias）中生动地描述了雅典人对环境的损害，展现出他在水资源与林地资源相互制约方面的丰富知识储备：

与曾经相比，如今余下的东西就像一具病恹恹的骨架，而那原本附着在身体上柔软的脂肪和光滑的皮肤早已经一去不返……现在山上剩下的东西还不够蜜蜂吃的，但就在不久以前，这里可是郁郁葱葱的森林啊。曾经，每年丰沛的雨水都滋润着土地，可是现在，水就这样从光秃秃的土地上流入大海；曾经，深层土壤可以存住水分，让水慢慢地从泉眼和溪流中流出，而如今薄薄的一层土壤根本无法留住水分，泉眼和溪流都干涸了，只剩下废弃的神殿告诉我们水曾从那里流过。[12]

大约是在环境恶化的同一时期，古希腊的政权开始衰落，而这并非巧合。通过考古，人们发现地中海其他地区的文明兴衰也遵循着类似的规律。大约公元前 300 年，意大利南部和西西里岛都树木繁茂，但随着古罗马和其他城市的发展，人类对木材、木炭和肉食的需求急剧上升，于是树林面积快速缩小，而过度放牧和错误的土地利用方式也依然是生态恶化的原因之一。在几个主要的分水岭地区，大量的泥土从山上冲刷而来，淤积在入海口，形成了大片散发毒气的沼泽，直把奥斯提亚（Ostia）和帕埃斯图姆（Paestum）等附近的港口都堵住了。自此，罗马帝国又继续存在了好几个世纪，虽然环境恶化不足以一下子对经济造成毁灭性打击，但在这些年里，粮食产量持续下滑，帝国对进口粮食的依赖增加，意大利中心地带的农业也在衰退。"那是很久以前……"诗人奥维德（Ovid）在基督时代来临前不久写道：

> 曾几何时，土地能够给予我们的，
>
> 比开荒种植后的如今要多得多。
>
> 不需精心培育就有的作物，
>
> 结满果实的树木漫山遍野，
>
> 蜂蜜藏在老橡树的树干里。
>
> 无人用犁撕裂土地，
>
> 或将土地分配占领，
>
> 也无人用桨横扫大海，
>
> ——海岸线即为世界的尽头。
>
> 聪慧的人们啊！
>
> 你们为自己的发明所害！
>
> 你们因自己的创造受难！
>
> 为何要竖起高耸的城墙将城市封起?
>
> 为何要为了战争和杀戮将自己武装? [13]

在尤利乌斯·恺撒大帝（Julius Caesar）执政之前，罗马的对外征服本质上就像一个私有企业的做派。参战的罗马公民带着战利品、奴隶，以及当地的进贡满载而归，而这些进贡则是由罗马在当地设置的代理人收来的，手段通常都不太光彩，比如豪强抢夺或者放高利贷。政治家西塞罗称，罗马以 48% 的利率放贷给塞浦路斯的一个城镇，这在当时是一种常见的做法，也是给第三世界放债的先例。[14]

无论是身世显赫的贵族子弟，还是一夜暴富的百万富翁，罗马富有的士兵们都想在家里享受，展示他们的战利品，于是土地买卖在首都范围内盛行。农民精心打理的土地被强行占领，自己则被赶到荒野，这很像梭伦在雅典看到的状况，也同样给环境带来了不良的影响。在贵族的强权下，从前自给自足的家庭农场根本无法与依靠奴隶劳动的大庄园相抗衡，于是这些家庭农场被迫破产或低价转让，而农场中的年轻人则加入了远征军。农民旧时的公有土地被贵族通过政治手段攫取，农民合法使用土地的权利被进一步侵害。此刻的罗马和曾经的苏美尔别无二致，即原属集体的土地迅速被私有化。在这一背景下，格拉古兄弟（Gracchus brothers）于公元前2世纪先后登上历史舞台，均试图通过土地改革缓解日益加剧的社会矛盾，但因元老贵族的重重阻挠而终告失败。平民失去了土地，食不果腹，致使国家不得不发放免费小麦来救济他们。随着城市内的无产者不断增加，救济措施也给国家带来了巨大的经济压力。到克劳迪一世执政时期，国家需要负担20万罗马平民的救济。[15]

在罗马史中，最讽刺的一件事是，随着帝国的不断扩张，其原本引以为傲的民主之花反而渐渐枯萎了。实权从元老院转移到了军队指挥官的手中，比如恺撒大帝就控制着整个军队和多个行省。必须要说，作为获得权力的回报，恺撒也对罗马进行了一些明智的改革——但也成了后世独裁者随意修改法律时经常援引的先例。弥尔顿写道，"'亟待修正'总是独裁者的借口"。[16]

古代文明通常有两种行政体系，即城邦制与中央集权制，分别在旧世界和新世界中独立发展而成。[17]而随着罗马的政体逐渐由共和制转向帝制，其行政体系也随之由城邦制变为了中央集权制。（类似的演化也在其他时代、其他地方发生过，但这并非历史的必然规律。包括加拿大和美国在内的一些现代国家的政治制度都同时包含两种制度的特征。）

在恺撒大帝被刺杀后的若干年里，罗马经历了新一轮内战，最终，元老院与恺撒的侄孙屋大维（Octavian）达成了协议，后者获得奥古斯都（Augustus）的尊号，任罗马新的执政官。他的地位非常特殊——称谓上，他仍是首席执政官，这依然是共和制度下的产物。而事实上，一个类似君主专制的新时代已经开始。[18]帝国的发展已经超越了作为基础的城邦制。

根据历史记载，奥古斯都和他的历代继任者都是能干且开明的统治者。这些君主都和奥古斯都一样清楚地认识到，巩固和整合帝国的时机已经到来。帝国东部的边界固定在幼发拉底河、莱茵河和多瑙河沿岸，而重新征服亚历山大领地的鹰派梦想则被悄然放弃。[19]其他方位的边界则是天然的，比如撒哈拉沙漠和阿拉伯沙漠，以及大西洋海岸。

奥古斯都的统治方式延续了近两个世纪，这期间发生过大大小小的混乱，而分裂后的西罗马帝国又过了两个世纪才最终灭亡。尽管边缘的领地已是动荡不安，但首都罗马城依然获得了长足的发展，就像在现代国家中，各个省份的动荡会让人们向中心城市聚集一样。罗马城的人口大概在公元 4 世纪早期时达到了高峰，那时也正是君士坦丁大帝将罗马一分为二，向东迁都拜占庭的时期。无论当时的罗马城有 100 万人还是 50 万人，它都是当时地球上人口最多的城市，超过了同时代中国和墨西哥的城市，尽管那些城市也有着数十万的人口。[20]

人口以百万计的城市是后来才出现的，这样大规模的城市高度依赖机械化的交通运输。在亨利八世（Henry Ⅷ）时期，西欧最大的城镇，包括巴黎、伦敦、塞维利亚，每个城镇有大约 5 万人，和吉尔伽美什的乌鲁克城的人口数量差不多。在维多利亚女王去世时，世界上只有 16 个城市的人口超过了 100 万。再看现在，世上已有至少 400 个百万人口级的城市。[21] 所有前工业化时代的城市都受限于落后的交通运输，像获取足够的物资供应、将生产生活的废物运出城市这些事，在以马车为主要运输方式的年代是十分困难的。通过运河构建水运网络已是当时最好的解决方案，意大利的威尼斯和阿兹特克的墨西哥城（Aztec Mexico City）就采用了这种方法。[22]

有个令人难以接受的事实，那就是直到 19 世纪中期，大多数城市的死亡率还都很高，疾病、害虫和寄生虫在城市肆虐。古罗马人的平均预期寿命只有 19 岁或 20 岁——这个数字甚至比新石器时代的加泰土丘人都要低不少。[23] 但仍然略高于英国"黑郡"

（Black Country）的平均寿命——仅 17~18 岁。[24] 狄更斯的著作深刻地反映了当时英国复杂的社会现实。如果没有士兵、奴隶、商人和充满希望的移民的不断涌入，那么无论是古罗马城还是乔治王治下的伦敦，都无法保证其人口数量的增加。罗马曾有过几次严重的大流行病，虽然给人力和财政造成了一定的负担，但客观上也减轻了人口给土地造成的压力，进而推迟了罗马帝国的衰亡。

关于罗马的衰落，有很多种解释：瘟疫、铅中毒、暴政、腐败、野蛮人入侵、基督教。此外，约瑟夫·泰恩特（Joseph Tainter）在他关于社会衰落的书中，又加上一个原因：帕金森定律。他认为，复杂的系统在发展过程中不得不受制于收益的递减。即使其他条件保持平等，运行和保卫一个帝国的成本最终也会变得越来越沉重。到此时，推翻整个帝国的上层建筑，恢复到起初的组织形式，才会让社会变得更有效率。到了君士坦丁大帝时代，帝国的常备军已经超过 50 万人，而这庞大的军费开支则主要依赖于农业税所得。在这其中，许多大地主又免于赋税，百姓却早已不堪重负。

政府的解决方案是让用以支付薪资的货币贬值。最终，古罗马第纳尔银币① 中的银含量变得越来越少，几乎变成了纸币。通货膨胀的比例很快上升到像第一次世界大战后的魏玛共和国时期

---

① 第纳尔银币，古罗马的银币单位。——译者注

一样恐怖。[①]埃及小麦在帝国全盛时期以半个第纳尔的价格出售，到公元 338 年，价格就疯涨到了 1 万第纳尔。在 4 世纪初，埃及人可以用 4000 枚当地银币换到一枚苏勒德斯金币，但到 4 世纪末，则需要 1 亿 8 千万枚银币。[25]被通货膨胀和不公平的税收所折磨的公民开始叛逃到哥特人那里去。[26]

罗马是一个有文字记录的社会，所以我们得以了解到，这些困境影响到了人类金字塔中的上层社会。但除了国家制度积弊已久之外，维持整个人类社会的自然金字塔也在不断被破坏。在意大利和西班牙地区的考古工作揭示，在帝国时期，高度发达的农业导致土壤被严重侵蚀，随后就是人口锐减，大量土地被废弃。这样的情况一直延续到了中世纪晚期。[27]

随着帝国欧洲南部的疆土被破坏，罗马开始将会对环境造成压力的产业转移到它的殖民地上，转而从北非和中东地区大量进口粮食。而从今天这些地方的现状，我们就可以看到当时行为的后果。安提阿（Antioch）是罗马治下叙利亚的首都，由于山上的树木被砍伐殆尽，水土流失，整座城都被掩埋在大约 30 英尺[28]的淤泥下。而利比亚的大莱普提斯遗迹（Leptis Magna）则沉睡在茫茫沙漠中。[29]罗马曾经的粮仓已满是沙尘。

———

① 《凡尔赛合约》规定，德国需要支付巨额赔款。同时，人民抵制政府税收，工人运动迭起。为了提升工资，德国政府诱使央行增发钞票。这些钞票拉高了通货膨胀率，并最终导致全面的恶性通货膨胀。——译者注

当然，也不是说罗马广阔疆域内所有的环境都被破坏得这样糟糕。阿尔卑斯山脉北部的欧洲，由于气候潮湿，土壤厚重，很难使用当时那些制造并不精细的犁来耕种，因此也就少有人在此定居。罗马治下的伦敦只有半平方英里，[30] 还有罗马贵族的浴场巴斯镇（Bath），早期的一位英国诗人称那里的墙壁是"高贵典雅的存在……伟人的杰作"，[31] 其占地面积也只有 24 英亩。[32]

实地考古证据可以与中世纪的史料相互印证。罗马衰败最彻底的地方是地中海盆地，那是帝国曾经的核心区，也因此直面环境恶化带来的猛烈冲击。随着罗马式微，权力中心开始向外转移，一些日耳曼入侵者如哥特人、法兰克人和英格兰人等，在罗马人鲜少涉足的北部土地上建立起小型民族国家。

辉煌一时的罗马城被洗劫一空，处处颓垣败井，成了蛮族与宗教战争的战利品。直到 20 世纪，罗马的人口才再次达到 50 万。

当罗马帝国征服了地球上 1/4 的人时，生活在美洲的人类另 1/4 的人口，也在进行类似的文明实验。[33] 在公元前的第一个 1000 年，一个名为查文（Chavín）的文明将其华丽的艺术风格传播到秘鲁的大部分地区。[34] 在基督时代开始后不久，蒂瓦纳库（Tiwanaku）的石庙矗立在提提卡卡湖（Lake Titicaca）旁边，海拔近 13000 英尺，[35] 是有史以来海拔最高的城市之一。[36]

罗马帝国处于鼎盛时期时，美洲最大的城市是位于墨西哥中部的特奥蒂瓦坎（Teotihuacan），它是当时世上为数不多的，能与罗马的规模相媲美的城市之一，甚至布局相较罗马还要宏伟，只是人口要少一些。[37] 它占地 8 平方英里，[38] 建有台阶的金字塔整齐地排列在宽阔的迎宾大道两侧，位于城市的中轴线上。

中美洲文明大约在公元前 1200 年与墨西哥湾的奥尔梅克人（Olmecs）一起出现。其建筑、雕塑和数学启发了特奥提瓦坎和玛雅人，后者在危地马拉、尤卡坦和洪都拉斯生活了至少 4000 年。[39] 考古学家界定，玛雅古典期始于公元 200 年，出现了王权和皇家铭文。实际上，玛雅文明的建立时间远早于此。一块刻于公元前 400 年的铭文显示，最大的几座玛雅寺庙建于公元前 2 世纪，位于卡拉克穆尔（Calakmul）及艾尔米拉多（El Mirador），[40] 其中一座地基约占地 22 英亩，[41] 和罗马时代的巴斯镇面积差不多。[42]

关于玛雅文明，有段令人印象深刻的画面，出现在《星球大战》（Star Wars）系列电影第一部的结尾处：破旧的神庙有如摩天大楼般矗立在苍穹之下，碧色丛林之间。这一幕是在蒂卡尔（Tikal）遗址拍摄的，它是玛雅古典期最重要的城市，如今是野生动物的乐园，数百种鸟类在此栖息，豹猫、美洲虎等稀有物种不时出没。1200 年前，当这些寺庙快被废弃时，周围已经几乎没有丛林了。苏美尔文明走向尾声，国王登上金字塔顶时，几乎看不到自然风光。蒂卡尔王抬眼望去，目光所及也都是人造风景。在人口密集的城市中心，五六座约有 200 英尺高[43] 的寺庙耸立于此，皇宫和城郊就在附近，再远处就是田野和农场。在地平线的尽头，另一座高耸入云的城市若隐若现。

与其他城邦国家一样，玛雅文明的内部竞争不断，艺术和智慧空前繁荣。前古典时期的玛雅人（和奥尔梅克人一起）是世界上第一个开发出包括"0"概念在内的完整数字系统的人。如今，带"0"的数字系统已极为普遍，但在历史上只被发明过两次。第一次是玛雅人发明的；第二次则要到中世纪晚期，当时阿拉伯数字（大约于公元600年在印度发展起来）终于代替了烦琐落后的罗马数字，也是直到此时，希腊和整个欧洲的人才知道"0"的存在。[44] 中美洲也是仅有的三到四处文字发源地之一。玛雅人发明了语音和象形文字。[45]（另外几处文字发源地包括苏美尔、中国，可能还有埃及；而世上其他地方的文字要么直接源自这些文字，要么是因为知道邻邦存在文字而受到启发，进而创造出来的。[46]）

利用他们的"长历法"（Long Count）中先进的算术知识，玛雅人给神秘的时间划下刻度，精确记录天象，神话般推算过去与未来，时间跨度甚至达到数百万年。[47] 尤利乌斯·恺撒大帝以自己的名字命名七月（July），他和玛雅人都清楚地知道，历法即力量。如今，只有三本玛雅古书留存下来，而书中历法的记载直到欧洲文艺复兴之前都丝毫不差，而那时恺撒历与太阳的实际运行轨迹只有10天的偏差。

玛雅国王和他们的臣民之间形成了这样的社会契约：国王通过特殊的知识和仪式，确保天地和谐，五谷丰登，百姓安居乐业，国家兴旺发达。他们做得非常好。到公元8世纪，即玛雅后古典期的鼎盛期，那里的农村人口已与工业化前的东南亚人口相当。[48] 仅蒂卡尔王国就可能有50万人，不过也要看我们怎样界定王国的边界。[49] 而其他十几个重要城邦，以及五十多个更小的城邦，似乎经常根据形势各自结为联盟，有点像现代国家的外交政策。

大多数玛雅人都住在农场周围。即使远离城市，他们在农村地区的人口密度[50]也基本上达到了每平方英里500人[51]。在如此脆弱的热带雨林生态系统中，玛雅人是怎样通过刀耕火种的方式来支持这庞大又密集的人口的？这曾经是一个谜。现在我们知道，玛雅人在沼泽中实行集约化农业，将田地抬高，再在下方铺设沟渠管道，形成运河网，在雨季排水，在旱季灌溉。这些运河里养着鱼，疏浚的淤泥、堆肥和污水一起被用作肥料。维多利亚时代，在印度的英国人曾含蓄地提到，玛雅的田地是"自施肥的"。[52]

玛雅城镇，像大多数小型社会一样，一开始以集体主义的形式运作，后来随着石制金字塔的兴起，社会金字塔结构也逐渐树立起来。大自然则承担着这一切变化。对古代花粉的研究证实，随着城市的发展，耕地面积扩大，树木倒在石斧之下，林地资源锐减，丛林中的猎物也随之减少。可是对于玛雅人来说，狩猎是除鱼、火鸡和偶尔食用的无毛狗之外，最主要的蛋白质来源，以致到了古典期中期，只有大城市里的上层阶级才能够获得丰富的肉类供应。

每个城市都有其独特的风格。科潘（Copan）以其精巧复杂的雕塑闻名，其国王的雕像神圣而宏伟，赫胥黎称其可与东方精美的象牙制品相媲美。[53] 帕伦克（Palenque）的宫殿轻盈而富于想象力，浅浮雕镶板和精细造型的灰泥质装饰点缀其中。蒂卡尔则是一个巨型的垂直之地，其中心地区的建筑直到 19 世纪末都是美洲最高的，就像有着艺术高塔的曼哈顿一样。[这种相似之处并不是凭空想象出来的，玛雅建筑对现代建筑风格有所影响，特别体现在：早期摩天大楼的形状与玛雅的高塔很相似；弗兰克·劳埃德·赖特（Frank Lloyd Wright）的作品有着玛雅建筑的影子。[54]]

现在，神秘的玛雅碑文已被破解，其中的内容推翻了我们对古典期玛雅生活高雅宁静的固有印象。那时，文字既用于记录从古至今人类的伟大探索，同时也用作皇家的宣传工具，如宣布皇室出生、登基、死亡、胜利和政变等重大事件。到了 8 世纪初，危机暗涌，这些文字就变得更加尖锐，揭露出不同势力在这样一个日益衰落的世界中争夺权力和资源的行为。军国主义逐渐膨胀，旧时联盟分崩离析，王朝变得不再稳定，统治阶级建起奢华的建筑来标榜自己至高无上的权力。蒂卡尔王国的历史约 1500 年，但那些如今仍然屹立在森林中的宏伟高塔，都是在这座城市衰落前的最后一个世纪才拔地而起的。在城市倒塌的前夕，它们绽放出奢靡的花朵。[55]

当大城市不复往日荣光，新贵们便开始崭露头角，伯罗奔尼撒战争期间的希腊也是如此。在玛雅的多斯皮拉斯镇（Dos Pilas），有人曾尝试在 8 世纪中期夺权，但宣告失败。考古发现为我们重现了小镇最后的景象——人们挤在中心广场上，把石头从寺庙上拆下来，堆在路上形成路障。同样触动人心的还有小城博南帕克（Bonampak）的壁画，他们专门请大师来创作一组壁画，以纪念 8 世纪 90 年代的一场伟大胜利。[56] 壁画中描绘的战斗场景可以算是古代绘画艺术中最生动、最娴熟的杰作。观者可以看到战俘流着血，虚弱地躺在寺庙的台阶上；而在旁边的场景中，街上正举办一场有音乐伴奏的盛大游行；再看向一边，皇室的女性正为王国生下继承人。一切都是那么鲜活，又那么短暂。壁画未完，史书未就，这大片大片的留白，正是文明匆匆逝去留下的死寂。

公元 810 年，这是蒂卡尔王国的最后一年。[57] 城邦一个接一个地沉寂下来，没人再去雕刻新的纪念碑。公元 909 年 1 月 18 日（玛雅历的 10.4.0.0.0），最后的玛雅人在托尼那（Toniná）记录下最后的日期，自此，漫长历法的伟大机器停止运转。[58]

到底是哪里出了错？就像罗马的灭亡一样，战争、干旱、疾病、土壤侵蚀、外族入侵、贸易中断、农民起义……这些都可能是玛雅文明消亡的原因。其中一些是即时发生的，无法解释为何文明在一个多世纪的时间里慢慢滑向不可挽回的深渊。但这些原因有一大部分都要归咎于生态破坏。对沉积物的研究再次显示，土壤普遍出现了侵蚀。玛雅人不放牧山羊，所以这一次也就不能责怪是山羊在搞破坏了。每年微小的损失叠加起来，也会导致最后灾难性的后果。虽然石斧砍树的速度比铁斧慢，锄头耕地的力度也比犁小，但只要数量足够多，时间足够久，前者也能起到与后者同样的作用。

雨林的生命力主要在于树木。现代人对于亚马孙热带雨林毫无节制地砍伐，让这美丽的"地球之肺"在短短数年间就遭到大规模毁坏。玛雅人比如今拿着电锯将树推倒的现代人更爱自己的土地，也更懂得保护土地，但最终，需求仍然超过了供应。大卫·韦伯斯特（David Webster）曾在若干玛雅主城遗址进行挖掘，最近还写了一本关于玛雅陷落的书，关于蒂卡尔王国的灭亡，他如此说道："我们能找到的最有说服力的解释是人口过剩、土地贫瘠，以及随之而来的一系列政治大事件。"[59]

他的结论适用于大部分中部低地地区。玛雅华丽的科潘城坐落在洪都拉斯的一个山谷中，周围是陡峭的山坡。它的发展陷入了一个常见的陷阱——这陷阱至今仍在夺走世界上数百万英亩的土地。起初，科潘还不是城市，只是在河边一处较为平整的地方建起的小村庄。对于刚刚起步的村庄来说，这个选址既合理又无害。但随着村庄不断发展，越来越多的田地被用于修建城市道路，农民们只能退到山坡上，但那里的树木早已被砍伐殆尽，没有了固土的植物，土壤变得愈发松散脆弱。随着城市走向衰亡，大量泥沙被冲下来，将低处的房屋和街道尽数掩埋，让情况雪上加霜。[60]

玛雅古典期遗址出土的人类遗骨显示，随着城市发展，贫富差距也越来越大。富人长得越发高大，而农民却越来越发育不良。当城市走到尽头的时候，所有阶级的健康状况和预期寿命都普遍下滑。如果我们对玛雅的木乃伊进行尸检的话，可能也会发现他们像古埃及人一样，体内有寄生虫，或是处于营养不良的状态。韦伯斯特认为，在科潘的鼎盛时期，也就是亚克斯帕萨伊国王（King Yax Pasaj）统治期间，"百姓预期寿命短，死亡率高，人们经常生病，营养不良，看起来虚弱不堪"。[61]

而房屋遗址显示，在一个半世纪的时间里，科潘的人口从大约 5000 人猛增到 28000 人，在公元 800 年达到顶峰，维持了大约一个世纪，然后又在 50 年的时间内锐减到高峰期的一半，最后在公元 1200 年时降到几乎为 0。我们很难把这样剧烈的变化仅归结于大规模的移民，因为其他地方也同样在经历人口的迁入迁出，却没有发生类似的情况。韦伯斯特观察到，这样的人口波动"非常类似于野生动物种群数量的起伏周期"。[62] 其实，他也可以把科潘的曾经与人类的现在做一个更为直观的比较：科潘的人口数量在短短一个半世纪内增长了约 5 倍，现代世界从 1850 年的 12 亿跃升到 2000 年的 60 亿，无论是时间还是增长速度，都与科潘的情况惊人地相似。

一些学者可能会将科潘城的人口锐减归因于 9 世纪早期的一场严重干旱，一场在玛雅地区肆虐的沙尘暴。但早在旱灾来临之前，玛雅文明的几个主要地区就已在慢慢衰落。[63] 公元 8 世纪，中心地带的大城市处于鼎盛时期，但也已经到了承载的极限。人们已经消耗掉了所有的自然资本——树木被砍伐一空，土壤不堪养育过剩的人口，而疯狂建设房屋则占用了更多土地，消耗了巨量木材。文明的状态已变得很不稳定，哪怕自然界有一点点风吹草动，都会在这里掀起轩然大波。也许曾经玛雅人经历过的旱灾比这次严重得多，可是这次旱灾偏偏就成了压倒骆驼的最后一根稻草，给科潘的繁荣画上了句点。[64]

危机不断加剧，但统治者的对策却不是去寻求新的途径。他们没有削减皇家花销和军事开支，没有通过修筑梯田来开垦土地，也没有鼓励节育（玛雅人可能已经掌握了这种方法）。他们挖空心思，只为能够继续享受一直以来的生活。他们甚至还变本加厉，将金字塔修得更高，赋予国王更多权力，迫使百姓无休止地工作，更频繁地发动对外战争。用现在的话来说，玛雅的精英们成了极端分子，或者说极端保守主义者，从自然和人类中榨取最后一滴价值。

本书提到的四段文明中，复活节岛文明和苏美尔文明已经永远无法再现，因为它们的生态环境无法再生。而另外的罗马文明和玛雅文明，虽然二者环境负载最大的中心地带都遭受了毁灭性打击，但他们边缘地区的社会文明仍然得以保存，后代也一直延续至今。这两个国家在火山灰覆盖、大流行病肆虐的恶劣条件下度过了 1000 年的人口低谷期，而生态环境也得以缓慢恢复。[65] 后来的意大利没有变成复活节岛，后来的危地马拉也没成为苏美尔。[66]

这里有一个谜：如果文明经常自我毁灭，为什么人类的文明实验整体上会取得进步？现在的世界人口是古罗马所处时代的 30 倍有余，如果生活在那时的人都做不到养活自己，我们又是怎样做到的呢？

自然的自修复和再生，以及人类的迁徙，构成了这个谜题的部分答案。古代文明是地域性的，文明的发展依托于特定的生态环境。当一个国家衰落时，还会有其他国家在另外的地方崛起。

那时，地球上还有大片大片的土地几乎没有人定居。如果我们从太空俯瞰地球，为它拍摄一部漫长的纪录片，我们就会看到，文明就像山火一般，在不同的地方先后燃过。有些火苗是孤立的和自发的，有些火苗则是在几个世纪中从一个地方燃到另一个地方，在文明之风中迸出火花。有些火苗会在某一处暂时休眠，等待合适时机重新燃起。第二个答案是，虽然大多数文明都超越了自然极限，坚持了1000年左右才崩溃，但并非所有的文明都是如此。埃及和中国的文明之火能够持续燃烧几千年时间。是什么让它们如此与众不同？

正如希罗多德所写的那样，埃及是"尼罗河的礼物"。得益于尼罗河，埃及的田地每年都被洪水带来的淤泥浇灌，不断补充养分。然而，尼罗河两岸的沙漠山丘从始至终都在提醒人们，此地不宜耕种。没有翠绿的山坡，没有茂盛的丛林，在这不断流失的水土上，人口很难会有激增。[67]尼罗河及其三角洲只提供了15000平方英里[68]的耕种区域，这个面积相当于荷兰的大小，形状则像一朵朝向大海的莲花。埃及的耕作方法其实很简单，就像他们的文化本身一样保守。他们选择顺应自然界的水循环，而不是去对抗大自然。[69]尼罗河谷的狭长形状和排水系统减少了盐分的堆积，而盐分堆积正是毒害苏美尔土地的元凶。古埃及人不像玛雅人，也不像我们现代人，他们明白，最好不要在农田上建造房屋。[70]

古埃及的人口增长异常缓慢。在整个法老、罗马和阿拉伯时期，埃及的人口增长都远远低于世界平均水平。从旧王国到克利奥帕特拉时代，埃及花费了整整 3000 年时间，才从不到 200 万人增加到约 600 万人。直至 19 世纪，埃及人掌握了现代灌溉技术，他们的人口才进一步增长。[71] 所以说，总人口 600 万，或说是每平方英里 400 人，[72] 就基本是尼罗河农田在自然条件下的承载能力了，而当河水断流时，人们就必须忍受饥荒或者是通过河水传播的各类疾病，人口数量也随之降低。[73] 自然的限制让埃及人必须量入为出、小心翼翼地活着。但埃及人实际上也在"透支他人的存款"——以牺牲埃塞俄比亚高地上游的其他农业民族为代价，保住自己的文明。

古代中国先天有着非常肥沃的表层土壤，且这份自然的赐予是"一笔丰厚的固定存款"，而不是年年积累的"津贴"。早在农耕开始之前，吹过欧亚大陆的干燥风就将冰川消退后暴露出来的表土吹起，落在中国的土地上，后来中国的母亲河"黄河"也因此得名。这些土壤形成了肥沃的黄土高原，厚达数百英尺，被雕刻成险峻的沟壑，或是随水流向下，形成冲积平原。这片土地对中华儿女几乎是无止境的宽容，就算土壤侵蚀，又有新一层的沃土裸露出来。在古埃及文明开始之后 1000 多年，华夏文明才出现，但后来者居上，其规模很快就超过了埃及，并迅速扩散到其他气候带。在汉朝的全盛时期，中国统治着北至蒙古，南至越南的 5000 万人口，与同时代的罗马帝国人口持平，这两个遥远的帝国之间保持着贸易往来。[74]

汉朝于公元 3 世纪的衰落，与其说是生态原因，不如说是政治原因。王朝更迭，外部宗教传入中国，稻田农业系统（人类有史以来生产力最高的农业系统）在中国南方推广，中国很快又恢复了活力。

即便如此，如果我们更仔细地审视埃及和中国，会发现它们没有看起来那么稳定。例如，在公元前 2000 年左右，连年不断的尼罗河洪水引发了饥荒和叛乱，推翻了旧王国。在古代中国也是如此，饥饿的农民奋起反抗压迫他们的王公贵族。

尽管经历了一系列动荡，饥荒和疾病反复出现，古埃及和古代中国良好的生态环境依然可以保证，当某一段政权失去了前进的动力时，文明之火仍能生生不息。[75]

奥登（W. H. Auden）说："保护文化，不如保护文化所在的树林"。文明发展出许多技术，生产出更多的食物——有些技术是可持续的，有些则不是。从过去的教训中，我们应深刻体会到，肥沃的土地与充足的水源，以及巩固水土的茂密树林，是任何人类文明存续和发展的唯一的、可持续的基础。

渐渐地，在衰落的城邦之间，在被损毁的森林中，又有植物重新吐露新芽。要是还有活着的玛雅人回到蒂卡尔空旷的宫殿里居住，他们也许会看到，荆棘和树苗重新占据了曾经的田地，灌木铺满曾经的街道，野生动物会再次回到他们曾经的乐土，望着断壁残垣发出警惕的叫声。看着正缓慢恢复生机的大自然，玛雅人大概会生出无限感慨，就像卡夫卡所说的："地球仍有恢复生机的希望，但是我们再也看不到了。"

第五章

工具的叛变

看到那些愤世嫉俗的涂鸦时，我不由得停下脚步，仔细思考它的深意。有一句涂鸦提到了进步带来的危险："每当历史重演，从前的代价也会成倍向人类反扑。"当地球上最初的文明——苏美尔文明走向衰亡时，只有 50 万人承受了相应的代价。而到罗马帝国式微时，上千万人都受到了影响。如果我们当代的文明实验也失败了，那将会有数十亿民众遭受灭顶之灾。

到目前为止，我们对苏美尔、罗马、玛雅和复活节岛这四段古老的文明展开了分析，发现它们都在约 1000 年的时间里，将自然的馈赠消耗殆尽，走向灭亡。我还提到了两个例外，那就是埃及文明和华夏文明，这两个文明的寿命都超过了 3000 年，并且现今还在继续发展。

约瑟夫·泰恩特在他有关过往文明衰亡的著作中，将文明的灭亡归结于三种形式，并给它们分别起了绰号：失控的火车、恐龙和纸牌屋。祸不单行，它们总是同时发生，给文明带来不可挽回的后果。[1]苏美尔人的灌溉系统如同一列失控的火车，眼睁睁看着自己向末日狂奔，却无法减速。统治者无能为力的颓态，像极了恐龙灭绝时经历的绝望，文明迅速衰落，毫无挽回之机，就像是一座顷刻之间倒塌的纸牌屋。

其他的文明实验之所以失败，也与这三种形式密切相关。摆在我们面前的难题，超越了任何时间与空间的限制，让我们一不留神就踏入进步陷阱。农业的发明本身就是一列失控的火车，它致使人口大幅增长，但却很少真正解决粮食问题，因此，人们总会不可避免（或几乎不可避免）地陷入两种困境。第一种困境是生物性的，即人口会持续增长，直至达到食物供应的上限；第二种困境是社会性的，即所有文明遵循一定的等级与阶层，财富不断向上层集聚，这就让社会总体财富永远不能满足所有人的需求。经济学家托马斯·马尔萨斯探索了第一种困境，从基督教到马克思主义，各个时代的思想家也就第二种困境不断思辨，不断探索。

文明是一项实验，是一种晚近的生活方式，总是习惯性地步入我提到的"进步陷阱"。就像我在前文中提到的，在河边的沃土上建立村庄是个好主意，但当村庄发展成城市，沃土变成了密集的城市道路，这就变成了一个坏主意。如果能在城市建设初期就多考虑日后发展，那么往后的规划和修建就会容易一些；可要是等到城市已经基本定型了，想要在此基础上大改布局，或是将城市迁移到其他地方，那简直比登天还难。人类似乎有个缺点：很难预见文明的未来，或是评估事情的长期后果。这种特征是怎么形成的呢？可能与数百万年的狩猎 – 采集的生活方式有很大关系，那时候人们的能力只够考虑下一顿的温饱，根本没有精力去做长远的打算。也可能是因为，社会金字塔让最多的财富与权力集中在最少的人手中，促使既得利益者愈发变得懒惰、贪婪和愚蠢。精英阶层安于现状，唯愿维护自己的享乐，哪怕在文明最黑暗的时代里依然奢靡无度。真正陷于苦难之中的是底层的老百姓，还有在背后苦苦支撑着社会金字塔的，越来越脆弱的自然环境。

沉舟侧畔，病树前头，新一轮的文明实验仍在继续。来看一组大致的数据：2 世纪，罗马鼎盛时期，世界人口约为 2 亿；1500 年，欧洲人到达美洲时，[2] 世界人口约为 4 亿；1825 年，煤炭时代开始，世界人口已达 10 亿；1925 年，石油时代开始，达到 20 亿；2000 年，达到 60 亿。比人口增长更令人震撼的是增长的加速度。从罗马帝国到发现美洲，整整 13 个世纪里才增加了 2 亿人；可是从 20 世纪末到千禧年初，同样是增加 2 亿人，却只花了 3 年时间。[3]

我们总觉得自己的文明是特殊的。好吧，在很多方面确实如此，但如果完全这样想，就有些狭隘了。现在，我们只盯着球，而不去关注整场比赛，长此以往是很危险的。过于沉浸在此时此地，会让我们在时间中迷失前行的方向，也会让我们忘记问自己高更提出的最后一个问题，"我们又要到哪里去？"过往的文明列车都因速度越来越快而碰到了自然的极限，最后车毁人亡。看着这么多先例，我们是不是要想想，我们的列车是不是已经失控了？如果是的话，怎么还敢摁下加速键，不管不顾地向前冲呢？

我之前提到过，华夏文明和埃及文明之所以如此"长寿"，是因为大自然通过风和水，从其他地方带来了额外的表层土壤，给予它们十分富足的土壤环境。除此以外，人类的聪明才智也给土地带来了新的生机。每亩土地能养活多少人口，能养活人类多久，并不仅仅取决于土壤天然的肥力。随着文明的发展，农耕技术确实也在越变越好。在北欧的重壤土上，人们用动物和人类粪便给犁过的土地施肥，发现这样可以不间断地给土壤增加营养，于是人们便逐渐将种植业和畜牧业结合成了混合农业。在现代的早些时候，轮作作物和"绿肥"（将固氮植物埋入土中）的使用大大提高了作物产量。亚洲地区的梯田依山而建，让人们在山坡上也能实现可持续耕作，大大提高了水稻的产量。西班牙的伊斯兰文明不仅将古典知识传授给了中世纪晚期的欧洲，它还通过修建橄榄梯田和先进的灌溉系统，修复了罗马时期被侵蚀的大片土壤。在安第斯山脉，印加人和前印加人建立了高效的山地农业，他们用冰川融水灌溉石田，并从荒芜海岛上的海鸟栖息地挖出海鸟粪便做肥料。研究表明，过去1500年里，安第斯梯田一直在使用，但是土壤肥力并没有下降。[4]

　　农耕技术的稳步提升可以解释人口的稳步增长，但不能解释过去几个世纪中为什么出现了人口大爆炸。人口爆炸刚开始时，还没有出现农业机械化和公共卫生设施的改良，所以这两者或许可以作为人口爆炸后期的部分原因，但却不能解释人口爆炸为何发生。人口爆炸大约开始于哥伦布发现美洲之后的一个世纪，正值西班牙征服殖民地的奇异之果开始被消化。对于欧洲人来说，美洲这块发展良好但几乎没有保护的土地好似一座永远都开采不完的宝矿，一下子成了他们的囊中之物，带来了巨额利益。

如果当时的美洲是一片荒野，那么入侵者在很长一段时间内都不会得到什么甜头，因为那样的话，他们生存所需的每一块土地都要从原始森林里开垦出来，每一种作物都需要进口及适应新环境，每一种矿物都需要探寻并开采，每一条道路都需要从荒无人烟的沙漠和山脉中开辟。而实际上，"新世界"也一样经历过新石器时代革命，一样有着富饶的农业基础，建立了一系列文明，这让入侵者日后的定居变得容易许多。

美洲的三块大陆形成了一个如同亚洲那样复杂的世界，整体人口数量达到 8000 万至 1 亿人，约占人类总数的 1/5 到 1/4。1500 年时，美洲最强大的政权是阿兹特克帝国，形成以墨西哥城为中心的诸多城邦；其次是印加帝国（Inca Empire），或称塔万廷苏尤（Tawantinsuyu），[5] 沿着安第斯山脉和太平洋海岸绵延3000 英里。[6] 这两个帝国各有人口约 2000 万，规模介于古埃及和罗马之间。[7] 阿兹特克帝国的首都居住着 25 万人，是当时美洲最大的城市，也是当时世界上排名前六的大城市之一。印加帝国城市化程度较低，但规划分明，道路铺设的总长度达到 14000 英里，[8] 施行中央管制经济，通过劳动税收制度（而非奴隶制度）建设起大规模的梯田和灌溉工程。这里虽然也算不上是工人的天堂，但和之后西班牙人的统治相比，也差不多算是天堂了。[9] 两个帝国都非常年轻，刚刚继承了先前的政权，如果没有外来的入侵者，那么属于它们的光辉岁月应该还有几百年之久。[10] 然而，它们终究还是过早地毁于入侵者之手，将刚刚成熟的文明果实拱手让人。

环境历史学家阿尔弗雷德·克罗斯比（Alfred Crosby）和威廉·麦克尼尔（William McNeill）在20世纪70年代指出，真正征服新世界的入侵者是细菌，如天花、黑死病、流感和麻疹等。欧洲人早已有了抵抗力，但新世界的原住民从未接触过这些细菌，也就毫无抵抗之力。就这样，细菌随着欧洲人一起登上美洲大陆，如同生化武器一般在新世界大杀特杀，仅在第一波袭击中就杀死了墨西哥和秘鲁的统治者和至少一半的原住民。[11] 克罗斯比写道："征服者'奇迹般的胜利'，很大程度上是天花病毒的胜利。"[12] 尽管西班牙人有枪有马，但直到一场天花大流行席卷之后，他们才真正开始征服美洲大陆。在此之前，玛雅人、阿兹特克人、印加人和佛罗里达人都击退了他们的第一波入侵。[13]

若干年前，美国五角大楼曾构想过威力奇大的核武器计划，欲将中子弹投放到俄罗斯城市上空引爆，让爆炸产生的强烈辐射杀死所有人，但不对建筑物等物质财产造成损失。[14] 入侵美洲的欧洲人也是这样，是他们携带的细菌对当地人造成了重大打击。但是不要以为新大陆就这样不战而败，事实上，争夺墨西哥和库斯科的战斗是历史上最惨烈的战斗之一。[15] 最终，流行病汹汹来袭，人们接连倒下，再也无力捍卫祖先万年以来留下的东西。一位在墨西哥的西班牙修士写道："他们像臭虫一样成堆死去"。[16]

在 1500 年，除了"美洲大沙漠"大平原地区和少数一些极寒地区以外，美洲并不荒蛮，就算是在北美洲也一样。一般在好莱坞电影中，典型的印第安人形象是"狩猎野牛的一把好手"。而实际情况是，在当时，农耕人口已遍布美国所有的温带地区，从西南部到东南部，从北部到密苏里州、俄亥俄州和五大湖。当清教徒到达马萨诸塞州时，很多印第安人刚因为欧洲人带来的流行病去世，所以教徒们见到的场景就是空荡的小屋、为冬季储备的作物，以及收拾平整待使用的耕地。因此，他们就选择这个消亡的部落作为定居点，而这样的开始也预示着，他们后来也将寄生在原住民经营良好的土地上，将殖民地的范围逐步扩大到整个大陆。"欧洲人在这里没有发现荒野，"美国历史学家弗朗西斯·詹宁斯（Francis Jennings）写道，"他们创造了一片荒野。"[17]

对西班牙人来说，疾病是比子弹更好的武器，因为幸存下来的印第安人数量刚好满足在矿井里挖矿的人数需要。[18]阿兹特克帝国和印加帝国的宝藏只是往后几个世纪从美洲漂洋过海的金银矿产的零头。[19]卡尔·马克思是最早发现工业革命始于阿塔瓦尔帕黄金的经济学家之一。他在 1847 年提到，"发现美洲和从美洲进口贵金属为资本家提供了大量的原始资本积累，是建立现代制造业的必要条件"。[20]为西班牙帝国提供担保的热那亚和德国的银行家赚得盆满钵满，他们怀揣大量的金条，正迫切找寻可供投资的项目。大部分人来到了北欧，为造船业、枪械铸造业和其他探险项目提供了资金援助。还有不少资金投入了欧洲各国的战争中，而战争需求又催生出大量近代发明。

掠夺、土地、劳力，这就是横跨大西洋的三角贸易，而金银只是殖民者从美洲掠夺的一部分。从长远来看，新大陆上肥沃的土地以及独有的农作物是无价之宝，远超那些贵金属的有形价值。如今在感恩节晚宴上，美国人会虔诚地感激上帝在"蛮荒之地"赐予他们食物，然后就开始尽情享用丰盛的大餐。餐桌上有火鸡、玉米、豆子、西葫芦、南瓜和马铃薯，这些都是新大陆文明数千年以来辛苦培育的收获。很难想象，如果咖喱里面没有辣椒，意大利菜里面没有番茄，瑞典和比利时没有巧克力，夏威夷没有菠萝，非洲没有木薯，英国的炸鱼不配薯条，会是什么样子。

新大陆上的作物给世界带来的影响除了饮食的丰富，还有产量的提高。在非洲、亚洲还有欧洲，来自美洲的玉米和马铃薯单位面积的产量是小麦和大麦的两倍，等于说只需要以往一半的土地，就能收获和从前一样多的食物。[21] 由于产量提升，人们不再为温饱发愁，人口迅速增长，而需要留在农场工作的人数有限。从英格兰的不列颠岛到澳大利亚的黄金海岸，多出来的劳动力都离开了农场，形成了剩余劳动力。[22] 在北部，这些人最终进入矿山和工厂挥洒汗水。而在非洲，他们被用来换取制造的商品，特别是枪支。[23]

欧洲人将非洲人运过大西洋来到美洲，代替印第安原住民在美洲大陆上种植甘蔗、棉花和咖啡豆，再把这些商品销往欧洲的各个城市。[24] 随后，欧洲人还将剩余劳动力运输到北美洲的大草原和牧场上，让他们在这片适宜种植小麦和大麦的土地上终日劳作。随着农业逐渐走向机械化，旧世界的农业不再是劳动密集型产业。而且，人们发现印加帝国曾对海鸟粪便加以利用，就纷纷效仿，世界范围内的作物产量由此大幅提高。[25] 后来，多年存积的海鸟粪便和其他天然肥料被用光了，商业化的农业就开始依赖用石油和天然气制造而成的化学废料。因此，也可以说我们是在吃石油。[26]

1991 年，威廉·麦克尼尔总结道："现代人口能够激增到如此程度，基本上都是靠新作物来维持的。目前看来，人口仍在继续增长，它将带来剧烈但又不可预见的生态后果。"[27] 在他写下这句话的短短 13 年后，地球上又多出了 10 亿人，这增量与 1825 年农业机械化初期的人口总数相当。所以说，如果工业文明失败了，那么 10 亿人就是自然状态下地球能养活的人口极限了。

如果世界上没有美洲，我们无法想象工业革命会在何时、何地发生，甚至是否会发生。我的猜测是它会，但开始的时间会更晚，过程也会更渐进，并且发展的方式也与现在不同。也许工业革命会先从中国开始，而不是欧洲；或者是两地同时开始。[28] 但这些都只是假设和猜测。只能说，工业革命将会进展得更慢，而且会有很大的不同。所以说，我们能够拥抱今天的世界，应该感谢新大陆的馈赠。

那时候，新大陆真的就是西班牙语中的"Eldorado"，即"理想的黄金之国"，也是人们心中的乌托邦。受亚马孙丛林中社会形式的启发，托马斯·莫尔爵士（Sir Thomas More）[①] 于 1516 年出版了同名著作《乌托邦》（*The Utopia*）。一个世纪后，拥有一半印加血统的畅销书作家加尔西拉索·德·拉·维加（Garcilaso de la Vega）将他母亲的没落帝国称为理想国。[29] 在北美，这种影响更直接，在日常生活中处处可见。殖民地建立初期，殖民者和原住民的文化不断交融，印第安人教白人种植果园，而白人过后却残忍地剥下对方的头皮。殖民者与实行社会平等、议会自由辩论和共识规则的自治原住民进行斗争、交易和通婚。"他们的宪法只为自由而设！"詹姆斯·阿代尔（James Adair）在 1775 年这样描述切罗基人。本杰明·富兰克林（Benjamin Franklin）对易洛魁联盟（Iroquois Confederacy）也有类似的观察，于是他敦促十三个殖民地都效仿实施这样的政治体系。[30] 如果原住民对政权持不同意见，他们可以直接离开族群，另外建立新的群体。这种自由、民主、可以说"不"、可以离开的权利让白人尤为印象深刻，因为他们一直对遥远旧世界的英国王室怀恨在心。

不管是过去还是现在，人们似乎都很少了解到，印第安原住民的民主制度在很大程度上是后哥伦布时期的产物，在 16 世纪的种族大灭绝后，他们不得不在大片空地上建立起新的社会规

---

① 欧洲早期空想社会主义学说的创始人。——译者注

则，并再次发展壮大。而大多数东部的农耕部落是曾经强大的印第安酋长国的残余。如果英国人在印第安人人口锐减之前来到美国，他们会发现美洲原住民的社会结构和他们自己所熟悉的社会结构非常相似：酋长住在 100 英尺高 [31] 的金字塔顶端，平时乘轿辇出行，死后则有奴隶和妃子一起陪葬。[32] 天花病毒给这些部落，连同阿兹特克帝国和印加帝国都带来了灭顶之灾，同时也在美国革命进程中发挥了先导作用。大多数时候，反抗都是由于匮乏，英属北美殖民地走向独立却是由于富足——印第安人所拥有的富足土地与自由意志，正是他们理想中的生活。而屠龙者终成恶龙，富兰克林的同胞最终也变成了他所说的"白人野蛮人"（White Savages）。

美洲革命也反过来影响了法国大革命。法国人中也有"白人野蛮人"，整个国家在革命之后走向恐怖统治。在接下来的一个世纪里，为了避免恐怖统治再次笼罩法兰西，政府不断扩大公民的权利，而新的工业经济也滋养了不断壮大的中产阶级，[33] 社会金字塔开始不情愿地向下兼容，更多的人开始参与到政治决策中。

生在西方，我们可能理所当然地认为这两个世纪以来的自由和富裕是一种正常现象，也是历史的必然。这样的状态甚至被称为历史的"终点"，无论是从时间的角度还是从目的论的角度。[34] 然而，泡沫终会破灭，从文明的一般发展规律来看，这种"新常态"其实非常反常。通过掠夺一半的地球资源，并占领剩余那一半地球的大部分来扩张，我们才得以过上现在的生活。而为了维持这样的状态，我们还在不断消耗新形式的自然资本，尤其是化石燃料。在新世界，西方获得了有史以来最多的财富。但是，再也不会有这样的好事了，除非如 H. G. 威尔斯在他的《世界之战》（*War of the Worlds*）一书中所描写的，我们又找到了火星上的文明，而这些火星人对我们的细菌完全没有抵抗能力，那我们也许还能再将他们摧毁，并将他们的财富据为己有。[35]

长期以来，一直有人对文明的实验提出质疑，即使是在实验的极早期，进展尚十分缓慢时，已有人开始思考其中的风险。伊卡洛斯、普罗米修斯和潘多拉的故事告诉人们，聪明过头也会带来危险。《圣经·创世记》中也提到了类似的主题。[36] 在这类寓言中，最发人深省的是失落的玛雅文明创作的史诗《波波尔·乌》（*Popol Vuh*）中的一则故事《工具的叛乱》，[37] 讲述农具和家用工具发生叛乱，推翻了人类的统治：

> 所有那些东西都开始说话了……"你……马上就会感受到我们的力量。我们要把你的肉磨成碎片！"人类的磨石说。……与此同时，人类的煎锅和煮锅也喊道："你给我们强加了太多痛苦，烧灼着我们，仿佛我们没有感到疼痛一样。现在我们把这些疼痛全部还给你们，感觉到了吗？我们要烧死你。"[38]

古巴作家阿莱霍·卡彭铁尔（Alejo Carpentier）指出，这则故事是我们最早的关于机器威胁人类的明确警告。到了 19 世纪之后，这类警告变得愈发普遍。那时候，有史以来第一次，一个人能在短短一生中感受到翻天覆地的变化，包括技术和社会变革。1800 年，城市还很小，空气和水都比较干净——也就是说，环境可能会给你带来霍乱，但不会让你患上癌症。没有什么比风或身体跑得更快，机器发出的声音微不可闻。如果一个人从 1600 年穿越到 1800 年，也不会觉得有什么不适应。但是，仅仅过了 100 年，到了 1900 年时，街上出现了汽车，而地下则有地铁穿梭，电影在屏幕上闪烁，人们再次估算地球的年龄，认为地球至少有数百万岁，爱因斯坦正在研究狭义相对论。

19 世纪初，玛丽·雪莱（Mary Shelley）写下《科学怪人——弗兰肯斯坦》（*Frankenstein*）一书，对不断涌现的科学技术进行了反思。查尔斯·狄更斯在 1854 年出版的《艰难时世》中，对工业的社会成本提出了尖锐而有先见之明的批评。他在书中发出质问，"好心的撒玛利亚人是不是糟糕的经济学家？"他还预见了工业社会下的"新宗教"："从生到死，人类永远都在隔着柜台进行买卖。"[39]

塞缪尔·巴特勒在 1872 年的小说《乌有之乡》[*Erewhon*，是将"无处"（Nowhere）一词打乱字母顺序重组而成] 中，虚构出一个远方的文明，该文明比欧洲还要更早实现工业化，但工业的进步最终却引发了一场反科技革命。在乌有之乡，一位反科技激进分子认为，最大的危险与其说是现有的机器，不如说是它们进步的速度。如果不及时叫停，这些机器最终可能会发展出独立的语言，进行自我繁殖，并最终征服人类。巴特勒的构思颇有些达尔文主义的意味，但蒸汽时代那些气喘吁吁的怪物确实引发了人们的焦虑。早在本杰明·迪斯雷利（Benjamin Disraeli）出任英国首相之前，他就在小说《科宁斯比》（*Coningsby*）中提到了与《乌有之乡》中描述类似的恐惧："事物之所以神秘，就好比说，当你看到机器正在制造机器的场景时，你一定很惊异，甚至感到恐惧。"[40]

当维多利亚时代向前急速奔去，许多作家不禁问："我们到底要奔向哪里？"如果说他们所处的时代已经发生了这么多事情，那么在下一个世纪，世界又会发展成什么样？巴特勒、威尔斯、威廉·莫里斯（William Morris）、理查德·杰弗里斯（Richard Jefferies）……这些作家在自己的作品中将幻想、讽刺和寓言混合在一起，形成了"科学传奇"这一文学流派。

在 1895 年的科幻小说《时间机器》（*The Time Machine*）中，威尔斯将一名旅行者送到了遥远的未来，那时人类已经分裂为两个种族，即埃洛伊族（Eloi）和莫洛克族（Morlocks）。埃洛伊人是成日奢侈享乐的上等人，靠着下等的莫洛克人的工业劳作生活。埃洛伊人从来都看不起这些低贱的奴隶，可是实际上，莫洛克人是把埃洛伊人作为盘中餐来精心喂养的。

威廉·莫里斯写下的《来自乌有之乡的新闻》（*News from*

Nowhere）一书，构想了一个后工业化的新时代，城市中有着质
朴的匠人、良好的设计和自由的爱情——这就是当时前拉斐尔
派 ① 眼中的理想国。莫里斯从中抨击了第一波全球化浪潮，即由
蒸汽轮船、电报和大英帝国所牢牢控制的资本主义世界市场：

> 工人在工作中获得的快乐，最基本的舒适和健康保
> 障，如今压根没有受到重视……所有人的精力都集中在
> 如何以"最廉价和高效"的方式生产出产品……而其中
> 有些产品实际上根本没必要生产。整个社会都被世界市
> 场贪婪的大嘴一口吞进去……

我们也许能从过去的教训中吸取经验，但似乎也并没有学到
太多。第一次世界大战前的最后一代，就是年轻的爱因斯坦、奥
斯卡·王尔德（Oscar Wilde）和恐怖主义小说《间谍》的作者康
拉德所处的时代，在很多方面都和我们如今的时代很相像：前面
是后继无力的旧世纪，后面是道德衰败、前路迷茫的新世纪。轰
炸机潜伏在阴影中，而资本家们坐在他们的豪宅里宣称，"不受
约束的自由企业将为全人类带来新的耶路撒冷"。

另有一些更为睿智的观察者敏锐地察觉到，人类正在失去

---

① 兴起于 19 世纪，提倡艺术应回归到文艺复兴三杰拉斐尔之前的风
格中，强调质朴与自然之美。——译者注

对进步的控制。他们担心随着工业体系愈发壮大，人类会逐渐走向自我毁灭的结局——外交政策强硬的单一民族国家疯狂地开展军备竞赛，社会剥削加剧，城市中贫民窟遍布，空气和水受到污染，黑洞洞的枪口之下，强行赋予"野蛮人"以"文明"。[41]

会不会有那么一天，枪口对准的不是祖鲁人或印第安苏族人，而是其他欧洲人？会不会有那么一刻，贫民窟的混乱最终让整个社会都崩溃了，进而导致人类文明的堕落？如果光鲜的经济数据背后是无休止的种族灭绝、无尽的苦难与肮脏的环境，那么这些经济产出究竟又有什么意义？威尔斯笔下的时空旅行者在旅行结束时总结道，文明"只是胡乱堆砌的垃圾，实在是太愚蠢了……最终定会毁灭它的制造者"。

很多人可能会认为，我们现在依然活得很好，这就证明那些维多利亚时代的人设想的未来太过悲观消极。但是我们真的能证明他们错了吗？他们对未来的想象可能在细节上有所偏差，但是却准确地预见了我们遇到的麻烦。回到100多年前，他们的前方正是导致1200万人死亡的第一次世界大战，[42] 紧接着就是俄国革命，经济大萧条——这也是导致希特勒上台的原因之一，之后是死亡集中营、第二次世界大战，直到原子弹爆炸后的蘑菇云徐徐升起。而在那之后，人类又经历了冷战、古巴导弹危机、越南战争、卢旺达种族大屠杀。即使是最悲观的维多利亚时代的人也不敢相信，20世纪的战争中死亡人数能超过1亿——这已是罗马帝国总人口的两倍。[43] 随着时代的变化，代价也越来越高。

到了现代，维多利亚时代的科学传奇作品已经分为两种文学类型：主流的科幻作品，以及以灾难化的未来为背景的社会讽刺作品，后者中有一些作品被称为 20 世纪最伟大的著作，如赫胥黎的《美丽新世界》（*Brave New World*）、乔治·奥威尔（George Orwell）的《1984》、J. M. 库切的《等待野蛮人》，以及一些有关核荒地的作品，其中罗素·霍本（Russell Hoban）的《行走者里德利》（*Riddley Walker*）当属杰作。

（或许）随着核威胁的消退，一部分末日启示录类的现代文学作品开始重新审视广岛核爆炸之前提出的问题，特别是新技术的潜在风险，以及我们人类如何能在生存下去的同时保留人性，不落入蚂蚁般庸碌的秩序中。（也许《美丽新世界》中最令人不安的是赫胥黎对秩序之恶强有力的论证，到了今时今日，这个问题甚至比 1932 年他写下此书时更难回答。）《乌有之乡》里那叮当作响的怪物换了更微妙的方式来威胁整个生物圈：气候破坏、有毒废物、新病原体、纳米技术、控制论、基因工程。

当你写下一部反乌托邦讽刺文学，你的内心可能并不希望它真的实现。而一旦故事中的描述成为现实，那一定非常令人沮丧。10 年前，我开始创作《科学浪漫》这部小说，我选择这个标题是因为我想向维多利亚时代那些有远见的人致敬，还因为小说的主题是我们对科学狂热的爱。出于讽刺目的，我从新闻中找出一些我认为是乱编的故事，并把它们安在小说的角色身上。其中，有一个人物死于疯牛病，当时我还觉得，也许最后还是要把这种结局修改为一些不那么牵强的死法。可是到了 1997 年这本书出版时，真的已经有几十人死于疯牛病。[44] 其他的讽刺也不再是我以为的不切实际的夸张幻想，而是很有可能成真的可怕现实，比如气候变化会将寒冷的伦敦变为热带沼泽；被基因改造的人类种族成为最终的幸存者；或是转基因的草地不需要修剪，因为它具有自限性。就在几个月前，有一些更具体的事情开始困扰着我。在我的一部小说中，主人公在废弃的伦敦城里发现了一条被封锁的街道，街上的建筑都用混凝土板加固，于是他推断四面楚歌的英国政府应该是在 21 世纪 30 年代走到了末日。[45]而在今年早些时候，我在报纸上读到，托尼·布莱尔（Tony Blair）政府计划在议会大厦四周用 15 英尺高 [46] 的混凝土墙和铁丝网把大厦保护起来。[47]

我不想居于先知的位置上，也不想预言未来。就像我们不需要伟大的预言家诺查丹玛斯（Nostradamus）也能知道，城墙会在危机时刻被加固——然而最厚的那堵墙始终在我们每个人的心里。疯牛病带来的真正灾难是，英国政府只是一直在强调他们抱有最好的希望，而毫无实际作为。玛格丽特·阿特伍德（Margaret Atwood）在她最近的反乌托邦作品《羚羊和秧鸡》（*Oryx and Crake*）中，专注于生物科技的话题，描绘了在不久的将来文明崩溃的景象。她笔下的一个角色问道："那么，作为一个物种，我们注定要被希望毁灭，对吗？"[48] 被希望毁灭吗？嗯，是的。希望驱使我们为之前存在的麻烦找到新的解决方法，这反过来会制造更危险的新麻烦，希望为我们选择了满嘴假大空的政治家。任何股票经纪人或彩票卖家都知道，在谨小慎微、勤俭节约的日复一日以外，我们总是留有一丝暴富的希望，这就给他们创造了生意。所以说，希望和贪婪一样，点燃了资本主义的引擎。

约翰·斯坦贝克（John Steinbeck）曾经说过，社会主义从未在美国扎根，因为穷人认为自己不是被剥削的无产阶级，而是暂时没发达起来的百万富翁。这也就是为什么美国文化如此讨厌"限制"的概念，还有为什么在上次能源短缺期间，选民拒绝了穿着毛衣的吉米·卡特，而投票给了罗纳德·里根。里根嘲笑保守的能源保护者，并宣称"现在仍然是美国的早晨呢"。[49] 没有其他地方比这里拥有更多相信进步神话的狂热信徒了。

马克思是对的，他称资本主义为"摧毁极限的机器"。共产主义和资本主义都是唯物主义的乌托邦，构想出两种相互对立的人间天堂。共产主义主张将生产所得平均分配。而资本主义一直诱惑着我们向前跑，就像在猎狗面前吊上一只假兔子一样，它坚持认为经济是无限的，人人都能获得利益，因此也就不需要去分配什么。足够多的猎狗偶尔能够抓住一只真正的兔子，其他的狗看见了，就拼命继续向前跑去，直到力竭而倒下。在过去，只有穷人输掉了这场竞赛；现在，整个地球都成了这场竞赛的牺牲品。[50]

少小离家，漂泊在外的旅人，过了二三十年后终于回到故乡，他会发现这里已经发生了翻天覆地的变化。农田变作城郊，丛林变作牧场，河流上竖起水坝，红树林被养虾场取代，山岭变作水泥采石场，珊瑚礁不见了，取而代之的是新建好的高层公寓。

目前来看，各个国家虽然文化各异，政治体系也不尽相同，但从经济的角度来看，整个世界都可算作一个大型文明，依赖着地球的自然资源生存。我们肆意砍伐、捕捞，到处修建灌溉系统，建起房屋，丢弃的废物已经渗透到生物圈的每一处角落。[51]自 20 世纪 70 年代以来，世界贸易规模增长了 20 倍，这意味着，几乎没有任何地方能自给自足。每个"黄金国度"都被洗劫一空，每个"香格里拉"都建起假日酒店。泰恩特注意到这种相互依赖关系，并警告说，"如果文明再次衰落，那将在全球范围内引起剧变……世界文明将作为一个整体土崩瓦解"。[52]

一些领域中的专家也开始看到了文明衰落的可能，并警告说，这些年可能是世界文明拥有财富和政治凝聚力的最后时间，也是它能够自我纠偏、谨慎行事、保护资源、实现社会正义的最后机会。1992 年，联合国在巴西里约热内卢举行联合国环境与发展大会，并于 1997 年通过关于气候变化的《京都议定书》。在那之前，已有超过一半的诺贝尔奖获得者发出警告，人类文明可能只剩下 10 年左右的时间，来控制我们的系统走上可持续发展的道路。一份解密的报告显示，五角大楼曾秘密提醒布什政府，如果气候变化恶化到最严峻的情况，那么世界将在"一代人"之内陷入饥荒、无政府以及战争状态。[53] 在 2003 年出版的《我们的最后一个世纪》(*Our Final Century*)一书中,剑桥大学天体物理学家、英国皇家天文学家、英国科学促进会前主席马丁·里斯(Martin Rees)总结道:"除非所有国家都在现有技术的基础上采用低风险和可持续政策,否则现在的世界文明存活到 21 世纪末的可能性不超过 50%。"[54]

怀疑论者指出,早些时候对灾难的预测并没有得到证实。但那只是傻瓜的天堂。我们能从如核战争般足以毁灭文明的灾难中逃脱,更多是由于侥幸,而非理智的判断。而且,目前的状态也远非最终的结局。[55] 另一些问题也被回避了,但还没有得到解决。例如,粮食危机只是因为杂交技术和化学农业的推广而得到了短暂的缓解,可是这样做同时也牺牲了植物多样性和土壤健康,付出的代价将是巨大的。[56]

在 2001 年 "9·11" 恐怖袭击之后,世界媒体和政治家都高度重视恐怖主义。在这里,我想说明两件事。

第一,与饥饿、疾病或气候变化相比,恐怖主义只能算是小威胁。[57] "9·11" 袭击当天,美国有 3000 人不幸去世,而世界上每天就有 2.5 万人死于水污染。每年,会有 2000 万儿童因营养不良而出现精神障碍,[58] 还有一块比苏格兰面积更大的农田因侵蚀和城市扩张而消失,其中大部分发生在亚洲。

第二,面对恐怖主义,仅去打击,而不关注其根本原因,只能是治标不治本,无法将其真正消除。暴力源于不公正、贫穷、不平等和其他暴力，这个惨痛的教训发生在 20 世纪上半叶，代价是 8000 万人的性命。[59] 提供充足的食物和公平的申诉机会可能依然无法阻止那些已成为极端狂热分子的人犯下暴行，但可以大大减少成为恐怖分子的人的数量。

第二次世界大战后，通过建立基于凯恩斯主义和美国新政的国际机构以及民主管理的资本主义形式，人们已经逐渐形成解决暴力根源的共识。这一政策虽然远非完美，但在欧洲、日本和第三世界的一些地区取得了成功。[60]（还记得吗？我们刚刚说，这不是一场"反恐战争"，而是一场"解决需要的战争"。）

破坏战后的共识，回到陈旧的政治模式，就等于回到了血腥的过去。然而，自 20 世纪 70 年代末以来，新右派似乎一直想让历史倒退。他们将旧观念包装成新观念，并利用它们将权力的杠杆从民选的政府转移到非民选的公司，还通过媒体向公众宣扬这是在"减税"和"放松管制"，加拿大当然也有这样的情况。自由主义经济学自负地认为，如果让马儿吃下足够多的燕麦，马的排泄物也就足够让麻雀饱餐。[61] 历史上，人们已经这样做过多次，也失败过多次，只余下废墟和衰败的社会。[62]

从贫民窟到热带雨林，人们对再分配的反抗正在扼杀文明。[63]事实上，在大多数国家，税收并没有减少，只是从金字塔的上层转移到了下层，从援助和社会项目转移到了军事和企业项目。美国法官奥利弗·温德尔·霍姆斯（Oliver Wendell Holmes）曾经说过："我不介意交税，我用税买来了文明。"公众对基础社会安全网络是否有足够的信心，对于降低贫穷国家的出生率，维持所有社会的良好运转来说至关重要。而当公众信心缺失，就会导致自由竞争，让地球陷入混战。

正如我在本书前文指出的那样，在 20 世纪，世界人口增长了 4 倍，经济增长了 40 多倍。哪怕现代社会对百姓的许诺只是维持原状，或者换个说法，哪怕现代社会贫富差距与维多利亚女王去世时一样，那么所有的人都会比现在好过 10 倍。可是来看看现实的数据，如今陷入赤贫的人数与 1901 年的世界人口总数一样多。[64]

到 20 世纪末，世界上最富有的 3 个人（都是美国人）的财富已经超过了最贫穷的 48 个国家的财富总和。[65]1998 年，联合国计算出，400 亿美元，如果谨慎使用，可以为地球上最贫穷的人提供干净的水、卫生设施，以及满足其他基本需求。[66] 这个数字可能是较为乐观的估计，且已经过去了 25 年，应该也有所增长，但仍然远远少于建设导弹防御系统所需的资金。导弹防御系统耗资巨大且实际作用非常小，但却可能引发新一轮军备竞赛和太空军事化。

再回忆一下泰恩特提到的，文明衰落的三种形式：失控的火车、恐龙、纸牌屋。

第一，人口增加、污染加剧、技术革新，财富和权力的集中……这些都可以归为"失控的火车"，而且其中的大多数都有密切联系。目前，人口增长趋于缓和，但到 2050 年，地球上仍将比现在多出 30 亿人口。也许我们在短期内可以养活这么多人，但我们将不得不减少家禽和家畜的饲养数量，因为喂养 10 磅的粮食才能换得它们的 1 磅肉（1 磅 ≈ 0.45 千克），而且还要将食物分配给世界各处。

看看现在的我们，挥霍无度，随意破坏环境。我们本来可以帮助发展中国家在工业化进程中不再重蹈覆辙，但我们却偏偏把环境标准排除在贸易协定之外——绝不能再这样下去了。

如果文明要存续，它就只能使用自然资本的利息，而不能将本金也一起挥霍掉（无异于杀鸡取卵）。生态标记表明，在 20 世纪 60 年代初，人类每年的消耗约占自然界资源年产量的 70%；到 80 年代初，比例已经达到了 100%；1999 年，更是透支到年产量的 125%。[67] 这些数字可能不是非常精确，但趋势再清楚不过了：再这样下去，人类文明很快就会破产。

第二，如果你破解了曾经那些文明残骸中的"黑匣子"，就不会对这些事实感到惊讶了，因为我们现在的行为模式非常典型，正是那些已经衰亡的社会在贪婪和傲慢的巅峰时期表现出来的样子。这就是泰恩特所说的"恐龙"：既得利益者对变革的敌意，以及社会各阶层的惰性，也是文明衰落的重要因素。乔治·索罗斯，这位充满变革精神的货币投机者，将经济世界里的"恐龙"称为"市场原教旨主义者"（Market Fundamentalists）。这个词其实不太准确，因为这些人中少有自由市场的真正信徒，他们更喜欢垄断、企业联合（Cartels）和政府合同。[68] 不过我能理解他想表达的意思——认为世界必须由股票市场来管理，和其他原教旨主义的妄想一样，这种想法是疯狂且不合理的。

在复活节岛上，岛民对雕像的狂热崇拜已经形成了一种病态的意识形态，最终导致了自我毁灭。在美国，市场极端主义（Market Extremism，人们可能期望它是纯粹的唯物主义，因此对理性的利己主义持开放态度）与新教会的救世主信念混合在一起，以形而上学来对抗明智的政策。主流基督教本来持一种利他的信仰，但这个分支却很敌视公共利益：这就像是一种由讨厌达尔文的人提出的社会达尔文主义。里根总统的内政部长告诉国会不要去管环境问题，因为用他的话说，"我不知道在上帝回来之前我们还能指望多少代人。"[69] 小布什（George W. Bush）也持有类似的想法，最终决定退出关于气候变化的《京都议定书》。[70]

阿道夫·希特勒曾欣喜地感叹道："拥有从不思考的人民，简直就是统治者的福气！"可是当统治者都不再思考的时候，文明又该走向何方？

第三，文明往往会突然之间走向衰落，这就是纸牌屋效应。当文明对生态环境的需求达到极限时，其状态就会极易受自然波动的影响。气候变化带来的最直接的风险是天气的不稳定，这会造成世界范围内粮食的歉收。干旱、洪水、火灾和飓风等自然灾害发生的频率显著增加，灾害的严重性也在加剧。而这些灾害加上战争，又让污染激增，势必让一切都卷入毁灭的旋涡。医学专家担心，大自然可能会用疾病攻击我们：数十亿计的灵长类动物这样挤在一起，肯定会有一部分人生病，一部分人因终年无法饱餐而营养不良；还有跨地域的航空旅行，正好给细菌、病毒等微生物提供了免费的午餐。阿尔弗雷德·克罗斯比讽刺道："自然母亲总会降临，以拯救这个人口过剩的社会，而她可从来都不会手软。"[71]

我主张改革，不是基于利他主义，也不是为了拯救自然。这些都是道德上的需要，但却与人类不断膨胀的欲望相悖。之所以要改革，根本在于现行的制度不符合任何人的利益，是一个自杀机器。我们所有人都或多或少有一些"恐龙"的惰性，但说实话，我不知道那些在社会上掌握话语权的"恐龙"——那些石油巨头和极右主义者们，他们是否清楚自己在做什么。他们也有子孙后代，这些孩子们也需要安全的食物、清新的空气和干净的水源，也希望看到生机勃勃的海洋、枝繁叶茂的森林。财富无法免去污染的侵袭：只要你还生活在地球上，在一个国家的土地上喷洒的杀虫剂就会在南极冰川和落基山沼泽里凝结。财富也不是乱世的保护伞：法国大革命时，躺在断头台上的每个人都曾骄傲又尊贵，可当他们的头颅滚落在地，就只剩下惊恐与不甘。

阿根廷有句老话：上帝每晚都会清理阿根廷人白天留下的残局。我们的领导人现在好像就在指望这个，但这是行不通的。人类社会发展得太快，以至于"不作为"本身已是弥天大错。自人类定居下来，文明实验又进行了一万年，如今这实验的成败皆系于我们作为与不作为之间。我们真正需要做的，是从短期思维过渡到长期思维，从鲁莽和过度转向节制和预防。

我们拥有的一大优势，也是我们避免重蹈覆辙的最佳机会，在于我们能够回顾过去的文明，了解它们在哪里出了错，为什么会出错。通过这些信息，智人看到，自己就这样从冰河时期一路跋涉而来，虽然是个聪明的狩猎者，但仍少了点大智慧。

如果复活节岛上的人们能够在末日到来之前及时醒悟，停下无节制的砍伐和雕刻，种下最后一批树种，保护种子不被老鼠吃掉，那么结局可能就会不同。我们目前也正处于这尚可补救的阶段。人类既有工具，也有方法来共享生存资源、处理环境污染、提供基本医疗服务、推行合理节育措施，并根据自然资源的限度来决定经济发展的限度——那么为何不趁现在去做，而偏要等到灾难发生后才去补救呢？真到那时，我们将身不由己地陷入混乱和崩溃之中。如果我们仍然不作为，那么文明的衰亡可能不等这个世纪结束就会降临，让不久的将来成为人类历史上最黑暗、最绝望的时代。

此时此刻，正是我们为未来纠偏的最后时机。

第一章　高更的疑思 ——————————————————————

1. 由于负担不起油画画布，高更的旷世巨作实际上画在了长卷麻布上。

2. 引自 Gavan Daws, *A Dream of Islands* (Honolulu: Mutual Publishing, 1980)。

3. Sidney Pollard, *The Idea of Progress: History and Society* (London: C. A. Watts, 1968), p. 9ff.

4. 同上。

5. 不仅仅是在宗教方面。维多利亚时代的考古学通过金属的发展来定义技术进步，但是古典世界得出了相反的结论：科技的进步见证了一个滑向廉价和堕落的过程——从黄金的时代滑落到铜器的时代，最后到了铁器时代。

6. Ronald Wright, *Stolen Continents: Conquest and Resistance In the Americas* (Boston: Houghton Mifflin, 1992), p. 5.

7. 冷战时期，美国人曾威胁要"把苏联炸回到石器时代"。我不知道苏联人是否也发出了同样的威胁。这实际上是我们必须正视的，关乎人类文明存续的问题。一旦核战争开始，核武器即便不会将所有的高级生物完全毁灭，也一定会终结世界范围内的所有文明。在核冬天里，没有一种人类可食用的作物能继续生长。

8. 参见 Francis Fukuyama, *The End of History and the Last Man* (New York: Free Press, 1992)。

9. Alexander Pope, *An Essay on Criticism*, 1711; Thomas Henry Huxley, *On Elementary Instruction in Physiology*, 1877.

10. 引自 Robert J. Wenke, *Patterns in Prehistory* (Oxford: Oxford University Press, 1980), p. 79。

11. 威廉·莎士比亚，《哈姆雷特》，第2幕，第2场。

12. 威廉·莎士比亚，《皆大欢喜》，第4幕，第1场。

13. 引自 Glyn Daniel, *The Idea of Prehistory* (Harmondsworth, UK: Pelican, 1962), p. 19。

14. 通过对铁的冷却速度的计算，牛顿怀疑地球可能至少有5万岁了。到了18世纪，法国思想家马耶（Benoit de Maillet）和布丰（George Louis Leclerc de Buffon）估计地球年龄还要更大，但是他们的计算方法并没有得到广泛认可。参见Martin Gorst, *Measuring Eternity: The Search for the Beginning of Time* (New York: Broadway Books, 2001), pp. 93–121。

15. 物理学家开尔文男爵（Lord Kelvin）不同意达尔文的进化论，理由是太阳的寿命没有那么长，难以满足进化论所需的漫长时间尺度，但这遭到了广泛的怀疑，最终也被证明是错误的。

16. 由于赫胥黎当时说的话没被确切地记录下来，所以后人对这段辩论的记叙会有些出入，但大致内容就是如此。

17. Gorst, *Measuring Eternity*, p. 204.

18. H. G. Wells et al., *The Science of Life*, vol. 2 (New York: Doubleday, 1929), pp. 422–23.与他合著此书的朱利安·赫胥黎（Julian Huxley）是推广达尔文进化论的托马斯·赫胥黎（Thomas Huxley）的孙子。

19. Northrop Frye, "Humanities in a New World" in *Three Lectures* (Toronto: University of Toronto Press, 1958), p. 23. 一些专家认为语言是很晚才出现的，但我认为，语言功能很可能已经经历了一段漫长的发展时期，并随着大脑的发育而愈发精细。猿类和人类大脑间的许多差异都位于控制语言的大脑区域。参见本书第2章第11条注释。

20. 罗斯尼1856年出生于布鲁塞尔，在英国当过记者，1886年搬到巴黎，并在那里成为龚古尔学院（Académie Goncourt）的主席。

21. 在法国南部的特拉阿马塔，一间有40万年历史的海滩小屋中似乎已经出现了灶台，而140万年前，非洲已有"使用火的迹象"。

参见Ian Tattersall, *The Last Neanderthal: The Rise, Success, and Mysterious Extinction of Our Closest Human Relatives* (New York: Westview Press, 1999), p. 72。

22. 参见洛伦·艾斯利1954年的散文《人类，一位生火者》（*Man the Firemaker*），刊登于*The Star Thrower* (New York: Harcourt Brace Jovanovich, 1978), pp. 45–52。

23. 同上，p. 49。

24. 基因数据表明，有一次，"我们的物种已经像今天的山地大猩猩一样濒危……减少到只有大约1万成年人"。 Christopher Stringer and Robin McKie, *African Exodus: The Origins of Modern Humanity* (New York: Henry Holt/John Macrae, 1997), p. 11.此外，斯特林格（Stringer）估计，在大约3.5万年前的旧石器时代早期，智人群体"至少繁殖有30万人"。同上，p. 163。

25. 更多"走出非洲"的假说，参见Stringer and McKie, *African Exodus*。对于相反的观点，可以参考 M. Wolpoff, G. A. Clark, J. Relethford, 以及 F. H. Smith最近的工作。欲了解较为中立的假说综述，参见 Richard Leakey and Roger Lewin, *Origins Reconsidered: In Search of What Makes Us Human* (New York: Doubleday, 1992)。

26. 马、斑马和驴等不同的动物物种可以相互交配，狮子和老虎也可以，但杂交很少能繁殖出后代，这就是生殖隔离。而这些物种之间的差距比早期人类物种之间的差距要大得多。

27. 引自H. G. 威尔斯, *The Outline of History*，被威廉·戈尔丁用作 *The Inheritors*, 1955的题词。

28. W. Arens 在 *The Man-Eating Myth: Anthropology and Anthropophagy* (New York: Oxford University Press, 1979)中指出，只要没有同类相食的确切记录（除非是生存所迫的同类相食），这样的说法就都站不住脚。正如他所说的那样，许多对同类相食行为的指控都来自敌对民族，意图抹黑对方，指控本身则毫无根据。但也有大量确凿的证据，比如有屠宰痕迹的人骨、特制的炊具、较为完整的民族志和历史数据等，证明仪式性的同类相食和饮食性的同类相食都曾发生过，尤其是在太平洋地区。此外，宗教改革时期的欧洲和1960年至今的非洲，都有过在战争中同类相食的残暴行为。

29. 参见 Tattersall, *Last Neanderthal*, p. 77。这是一本很有用的书，尽管塔特索尔认为尼安德特人是一个独立的人类物种，没有后代留存至今。

30. 参见 Erik Trinkaus and Pat Shipman, *The Neanderthals: Changing the Image of Mankind* (New York: Knopf, 1993), p. 6。这两位作者对这些相互矛盾的证据作了很好的总结。关于最近的人类起源和尼安德特人问题的讨论，参见 *General Anthropology* 7, no. 2（Spring 2001），这是一本由美国人类学协会出版的学术简报。

31. 持这种观点的人用 *Homo sapiens neanderthalensis* 来表示尼安德特人，用 *Homo sapiens sapiens* 来表示克罗马农人和其他现代人。

32. 奥内拉·塞米诺（Ornella Semino）和其他遗传学家得出结论，超过80%的现代欧洲人的基因库都来自旧石器时代晚期的人类祖先，而剩下的20%来自很久以后的新石器时代，是从中东地区迁徙过来的农民。参见 *Science*, November 10, 2000。

33. 一个特征是，早期尼安德特人的头骨通常不如晚期尼安德特人的头骨厚实。参见 Tattersall, *Last Neanderthal*, p. 147。

34. Christopher Stringer, "The Evolution of Modern Humans: Where Are We Now?" *General Anthropology* 7, no. 2 (Spring 2001).

35. 这段文化期被称为沙泰尔佩龙文化期（Chatelperronian），始于公元前35000年，遗址在今法国西部的圣塞萨尔地区。参见 Tattersall, *Last Neanderthal*, p. 145。也可参考 Francis B. Harold, "The Case Study of the Chatelperronian," *General Anthropology* 7, no. 2 (Spring 2001)。通过对活跃地区和住所结构的分析，唐纳德·亨利（Donald Henry）等人得出结论："尼安德特人的生理和行为之间的假定联系基本上是不成立的。" Donald Henry et al., "Human Behavioral Organization in the Middle Paleolithic: Were Neanderthals Different?" *American Anthropologist* 106, no. 1 (March 2004): 29). 他们发现，并未有可靠依据证明尼安德特人和克罗马农人在认知能力上

存在差异。

36. 引自 Leakey and Lewin, *Origins Reconsidered*, p. 280ff (caption to plate 4)。

37. 这些研究基于从保存不良的遗骸中提取的部分序列。参见 John H. Relethford, "New Views on Neanderthal DNA," *General Anthropology* 7, no. 2 (Spring 2001)。

38. 葡萄牙的遗址位于 Lagar Velho，那里发现的遗骸已有大约24000年的历史。

39. Trinkaus and Shipman (*Neanderthals*, p. 415)写道，在中欧，"有大量证据表明，尼安德特人和缓慢从黎凡特（Levant）渗透进来的早期现代人类之间存在着持续进化、基因混合和杂交关系"。参见洛伦·艾斯利感人的回忆录。他坚信尼安德特人还在我们中间。塔特索尔则认为尼安德特人是一个完全独立的物种，他写道尼安德特人的头骨有着"发髻"（头骨隆起）和与"发髻"部分相连的凹陷这两个独特特征（Tattersall, *Last Neanderthal*, p. 118）。但我的头骨也有与之一模一样的特征。

40. 与之相似的，许多美国印第安人、澳大利亚原住民、非洲人，还有其他那些流离失所，客居他乡的人都渐渐被淹没在名为"白人"的种群中，几乎已经不知道他们自己的确切血统了。

第二章　伟大的实验

1. 越来越多的证据表明，人们到达美洲（最后一个定居的大陆）的时间可能比既往估计的距今15000年前还要早。在冰河时期时，人们可以从白令海峡露出海面的陆地部分走到美洲，也可能乘坐类似船只的水上工具从一个岛屿航行到下一个岛屿，或是沿着海岸线最终到达美洲。大澳大利亚地区（包括新几内亚在内）在整个冰河时期都是一个岛屿，而人们在40000到60000年前通过这种在岛屿间接力航行的方式，最终到达了那里。

2. 小行星撞击地球发生在6500万年前，可以算是第五次生物大灭绝。

自从复杂的生命出现以来，地球似乎平均每一亿年就会遭受一次来自宇宙的"星际炸弹袭击"。许多科学家认为，人类对生物圈的影响是"第六次生物大灭绝"的开始。可参见 Rees, *Our Final Century*, p. 100ff。

3. 我在第一章中提到，有些学者认为尼安德特人和克罗马农人是同一物种中的变种，所以他们在"晚期智人"这个单词中使用了两次"Sapiens"。直到今天，所有存在过的人类和类人猿的总数加起来是300亿至350亿，而其中至少有200亿至250亿人是最近3000年才出生的，他们已经生活在文明社会中了。换句话说，我们中有2/3（或更多）的人是在最后1000年里才出生的，大约有1/5或1/6的人现在还活着。

4. 在野生食物资源非常丰富且预期良好的地区，农业的定义可以有一些例外。历史上，北美洲西北海岸线附近的文明就在没有农业的情况下得到了发展。但这样的例子在遥远的过去可能比较常见，后期则很难看到了。过去，学者们会坚持使用一些特定的标准来界定文明发展的状态，如何时开始书写文字等。现代学界对于文明的界定则更为灵活，更着眼于文化的整体规模和复杂性。参见 Bruce Trigger, *Early Civilizations: Ancient Egypt in Context* (Cairo: American University in Cairo Press, 1993), p. 7。

5. 佐治亚州州长乔治·吉尔默（George Gilmer）在19世纪30年代说："条约是权宜之计……野蛮人被引导着……向文明人屈服，让出财产和其他曾经拥有的权利。"当时对切罗基人的"驱逐"或种族清洗政策，包括强迫行军和平民集中营在内，造成数千平民丧生。参见 Wright, *Stolen Continents*, chap. 14。（"集中营"一词是英国在布尔战争期间创造的。）参见 Sven Lindqvist, *Exterminate All the Brutes*, trans. Joan Tate (London: Granta Books, 1996)，该书中提到诸如纳粹大屠杀和其他现代暴行源于种族主义殖民政策，尤其是在非洲的政策。

6. 罗马斗兽场和其他斗兽场见证了大规模的血腥屠杀。在罗马皇帝图拉真（Trajan）的统治下，仅4个月的时间就有5000名男子和11000

只动物被屠杀。

7. 如果把战争引起的饥荒和疾病包括在内，估计数字可能会高得多。

8. 甘地并不是丘吉尔蔑称的"裸露的托钵僧"，他在19世纪90年代曾在伦敦以学生身份修读法律。

9. 这是亨利·梭罗的说法。

10. 在1825年，蒸汽时代的前夕，世界人口约为10亿。如果工业文明崩溃了，那么能够持续存活的人口数量就会回落到工业革命之前的水平。说得直白些，将会有数十亿人因此死亡。

11. Erich Harth，引自 Stringer and McKie, *African Exodus* (p. 243)。Alfred Crosby, in *Ecological Imperialism: The Biological Expansion of Europe 900–1900* (Cambridge: Cambridge University Press, 1986), p. 14，他写道："大约10万年前，人类大脑就已经和今天的体积相当了，这个体积可能也是人类大脑发育的极限了。"

12. William Golding, *Pincher Martin* (London: Faber and Faber, 1956), p. 190.这部小说在《继承者》出版之后不久推出，讨论了现代人类的本质。

13. 弓和箭可能直到后来才出现，但我们几乎可以肯定，长矛投掷器是旧石器时代晚期的发明。（在阿兹特克文明中被称为"atlatl"。）它增加了人类投掷的距离，提升了杠杆的力量，外观有点像一根长曲棍球棒。

14. 阿维尼翁附近的肖维岩洞的壁画是欧洲发现的最古老的画作之一，展现了32000年前人类精细高超的绘画技艺。虽然它们被广泛认为是早期克罗马农人的作品，但也可能是由尼安德特人所作。然而，它们的年代还有待商榷，需要等待进一步的碳年代测定（参见 *Antiquity*, March 2003）。欧洲洞穴艺术的全盛时期会更晚一些，大约是在17000到15000年前，位于拉斯科和阿尔塔米拉。在最开始的时候，洞穴壁画可能并没有被它的创造者视为"艺术"，而很可能是作为萨满仪式的一部分，意义在于表达对自然力量的崇拜，以求在狩猎中获得更多猎物。

15. 从这里开始，为了方便起见，我就用"智人"来称呼人类了。

16. 一种体形较小的野牛，还有鹿，在北美洲幸存了下来；骆驼（美洲驼科）在南美洲存活了下来。

17. *Ecological Imperialism* (p. 272)，克罗斯比写道："人类，即使只携带了火炬和石头武器……他们也是世界上最危险、最无情的掠食者。"

18. 猛犸象死在了捷克共和国的皮德莫斯（Piedmost），马死在了法国的梭鲁特（Solutré），此地也被命名为著名的梭鲁特文化点。参见 William Howells, *Mankind in the Making: The Story of Human Evolution* (London: Secker and Warburg, 1960), p. 206，以及 Andrew Goudie, *The Human Impact on the Natural Environment* (Oxford: Blackwell, 2000), p. 145。斯特林格和麦基对人类迁移及其现状作了很好的总结（*African Exodus*, pp. 163–78），他们在书中提到，在亚利桑那州发现了一具猛犸象化石，其肋骨上插有八根克洛维矛头。参见 Paul Martin, "Prehistoric Overkill: The Global Model," in *Quaternary Extinctions: A Prehistoric Revolution*, eds. Paul S. Martin and Richard G. Klein (Tucson: University of Arizona Press, 1984)。

19. Howells, *Mankind in the Making*, p. 206.

20. Tattersall, *The Last Neanderthal*, p. 203.

21. Herman Melville, *Moby Dick*, chap. 105. 美洲野牛被杀的确切数量尚不清楚，估计在3000万到6000万之间。在19世纪70年代，每年都有超过100万的野牛被白人所杀；到21世纪末，地球上就只剩下几百只美洲野牛了。

22. 参见 Hugh Brody, *The Other Side of Eden: Hunters, Farmers and the Shaping of the World* (Vancouver: Douglas and McIntyre, 2000)。

23. 参见 Crosby, *Economic Imperialism*, and David Steadman, "Prehistoric Extinctions of Pacific Island Birds," *Science* no. 267 (February 1995): 1123–31。

24. Tim Flannery, *The Future Eaters: An Ecological History of the*

Australasian Lands and People (New York: Braziller, 1995).

25. 在中东进行的种植野生小麦的现代实验，产能已达每英亩4000磅
（每公顷4500千克）。在墨西哥，有研究表明，花半天时间收割
teocintle（意为"上帝的玉米"），即一玉米属的野生种，就足以
养活一个人10天（参见 Ponting, *Green History*, p. 39）。人们尚不
清楚"*teocintle*"（也叫*teosinte*）究竟是玉米的祖先，还是仅仅
是一个更远的亲属植物。一些专家认为，人工培育的玉米因为与
相近的野生品种杂交而变得不能在没有人为帮助的情况下自行产
种，因为杂交破坏了它原本的基因库。这也预示着，如果今天的
转基因作物失控，其他的作物可能也会出现这种情况。

26. 参见 Tom D. Dillehay, ed., *Monte Verde: A Late Pleistocene Settlement in
Chile* (Washington, DC: Smithsonian Books, 1989)。如需了解概
括，参见 Michael E. Moseley, *The Incas and Their Ancestors: The
Archaeology of Peru* (London: Thames and Hudson, 1992), pp. 83–
85, 以及 Chris Scarre, *Past Worlds: The Times Atlas of Archaeology*
(London: Times Books, 1988), p. 70。遗迹里还包括了在一座特殊建
筑中看似被用于祭祀的草药。

27. 澳大利亚的特例可能是由于干燥和不稳定的气候，也可能是由于
缺乏具有作物潜力的本土植物。澳大利亚人口的出现要比美洲早得
多，而他们的食物危机，即大型野生动物的灭绝，可能发生在世界
气候不稳定的时候，此时，农业实验已经不能再进行下去了。

28. 例如，Jared Diamond's *Guns, Germs, and Steel: The Fates of Human
Societies* (New York: W. W. Norton, 1997)，这本书描述了关于细菌的信
息，但若用在考古和历史上作为数据或解释，我认为是不准确的。
特别是这本书中新世界农业文化的年代并不准确，而且对其描述也
有一定的瑕疵。作者在对阿塔瓦尔帕被推翻和其他西班牙侵略的描
述中漏掉了一些重要的信息，我认为这和其个人的倾向性有关。

29. 藜麦是藜属的一种非谷物。来自墨西哥的新发现表明，人们在6250
年前就驯化了玉米（参见 *Science*, November 14, 2003）。大约2000
年后，带有大穗轴的高产玉米被发展起来。此时它在饮食中的重要

性迅速增长，并从中美洲传播到南美洲。而南美洲的树薯，则是另外一种情况。参见 Robert J. Sharer, *The Ancient Maya* (Stanford, CA: Stanford University Press, 1994), p. 54。

30. 在中东地区开始人为驯养植物时，安第斯山脉和中美洲区域也有同样的动作。在秘鲁的吉塔雷罗洞穴，人们发现了1万年前人类采集和栽培的植物，包括一些用于纤维和床上用品制作的植物。常见的菜豆、利马豆和辣椒肯定是人为驯化的。

31. 和潮湿的地方相比，古代的种子更适合在干燥的地方保存。所以一些潮湿的低洼地区，如东南亚、新几内亚和亚马孙河的丛林，可能会因为缺乏证据而被低估了重要性。在新几内亚地区的库克早期农业遗址发现的新证据显示，在7000年前当地居民就已经开始种植芋头、香蕉和甘蔗了（参见 *Science*, July 11, 2003）。

32. 这幅画悬挂在古印加人的首都库斯科的大教堂里。Edward Lanning，在*Peru before the Incas* (Englewood Cliffs, NJ: Prentice-Hall, 1967)一书中对秘鲁驯化动植物的过程作了很好的总结。随着人们在吉塔雷罗洞穴和其他地方深入研究，这些驯化行为的起源和年代逐渐被人所知。克丘亚语（Quechua，是印加语的一种）中就有鸡的词语。越来越多的证据表明，在哥伦布之前，秘鲁就已经开始驯养鸡了。

33. Lanning, *Peru before the Incas*, p. 15，其中列出了39个作物。参见美国国家科学研究委员会出版的 *Lost Crops of the Incas* (Washington, DC: National Academy Press, 1989)，书中同样列出了一些本来在世界范围内具有种植潜力，却一直为人忽视的30多种安第斯作物以及20多种南美洲作物。中美洲也拥有其中一些作物，但它自身也具有丰富的植物多样性。玉米和马铃薯的产量大约是小麦的两倍（参见Ponting, *Green History*, p. 112）。在 *Seeds of Change: A Quincentennial Commemoration* (Washington, DC: Smithsonian Institution Press, 1991) 一书中，赫尔曼·维奥拉和卡罗琳·马戈利斯记录了新世界作物对旧世界作物的影响，我在第五章中也会提到这一点。

34. Stringer and McKie, *African Exodus*, p. 163.

35. 不到两公顷。

36. 四公顷。

37. 十三公顷。

38. 根据 Bruce Trigger (*Early Civilizations*, p. 33)：影响早期文明发展的主要经济因素是粮食生产更加密集，而收割工具技术只发挥了很小的作用。每个早期文明中可用工具的复杂性与农业生产的强度无关；这些文明似乎也没有像铁器时代的欧洲部落社会那样拥有复杂的工具。

39. David Webster 在 *The Fall of the Ancient Maya: Solving the Mystery of the Maya Collapse* (London: Thames and Hudson, 2002), p. 77中写道："极其复杂的社会可以在没有大量技术变革的情况下发展，这一想法对我们来说是非常违反常理的，因为我们的生活一直被快速而强大的创新影响。"

40. 在中国，石头、青铜和铁器的"时代"在很长一段时间之内都是共存的，并且中国的技术发展并没有遵循西方欧亚大陆所谓的"具逻辑性的"发展规律。中国人发现了铁之后的很长一段时间里，依然将青铜作为铸造时的首选。威廉·沃森（William Watson）在 *China*(London: Thames and Hudson, 1961), p. 15一书中写道："铁在被锻造之前的几个世纪里就已经被用于制作铸件了，而这和西方认为的技术自然发展的观念有所不同。"

41. Dorothy Hosler 在 "Ancient West Mexican Metallurgy: South and Central American Origins and West Mexican Transformations," 刊登于*American Anthropologist* 90, no. 4 (1988): 832–55的文章中讨论了冶金技术从南美到墨西哥的起源和传播过程，他认为，在安第斯山脉曾出现了两种不同的金属加工方法。安第斯山脉南部的金属矿屑已经在玻利维亚的万卡拉尼遗址（其中最大的有700多个住宅）和安达韦拉斯附近的瓦瓦卡被发现（参见Moseley, *Incas and Their Ancestors*, pp. 144, 148）。在印加时代，青铜工具被日常广泛使用。有一部分铁，很可能是陨石中的铁，在克丘亚语中有专门的词来指代（*qquillay*，或*kkhellay*）。奇普（Quipus, *khipu*）是储存在仓库里的由官员保管的绳子，通过绳结的类型、位置、颜色等来编码信息。解读奇普的方法在西班牙人侵略后已经失传了，相关的档案记录被销毁，绝大多数官员要么被杀害，要么逃亡到远方。已知的是，奇普数学也使用零（就像玛雅人一样），但是奇普使用十进制系统，而不是使用中美洲的二十进制。幸存下来的印加人表示，奇普可以存储叙述信息和统计信息。但直到最近，学者们还对此持怀疑态度。但加里·厄顿的新研究表明，奇普系统是一个"三维二进制代码"，至少有1536个"信息单元"或符号，比苏美尔人的楔形文字还要多。

42. 例如，中世纪早期的法国男性尸骨显示出他曾经历长期的饥饿，部分原因是在当时金属被用于制造武器而不是农具，但农民已经不再知道如何制造石器，只能用木锄和木犁耕地。Georges Duby and Robert Mandrou 引自 Jane Jacobs, *The Economy of Cities* (New York: Random House, 1969), pp. 14–15.

43. Gordon Childe, *What Happened in History* (Harmonds- worth, UK: Pelican, 1964), p. 74.

44. 德国人的"客厅"。

45. 自启蒙运动以来，魔鬼的影响力开始衰落。伟大的法国地质学家和博物学家乔治·居维叶（1769—1832）生活中的一件轶事也能体现这一点。一天晚上，他的一个学生装扮成一个像山羊一样的魔鬼，冲进居维叶的卧室，威胁要吃掉他。居维叶上下打量着那个魔鬼，说："我对你的威胁表示怀疑。你有牛角和蹄子。你只吃植物。"（Daniel, *The Idea of Prehistory*, p. 34）

46. *The Secret Agent*于1906年连载出版，1907年正式出版。"恐怖主义"一词出现在法国大革命时期，带有暴力色彩。1813年，约翰·亚当斯在一封回忆费城骚乱的信中问托马斯·杰斐逊："杰斐逊先生，你怎么看待恐怖主义呢？"

47. 一些学者认为，小规模的美洲移民大约在5万年前开始。目前公认的主流观点是，人们直到大约1.5万年前才彻底在美洲定居下来。

48. 澳大利亚是第三个文明实验室。对于为什么澳大利亚的农业从未发展，人们意见不一（参见本章注释27）。然而，这里仍有一些石头建造的村庄遗迹，以种植山药和其他野生植物为生。这是迈向园艺农业的重要一步。

49. 第五章讨论了这些大流行性疾病及其影响。参见 Richard Alley, *The Two-Mile Time Machine: Ice Cores, Abrupt Climate Change, and Our Future* (Princeton, NJ: Princeton University Press, 2000)。到2004年，英国的研究人员已经获得了80万年前的极地冰芯（BBC World News，June 9，2004）。人们发现，大约3.5万到4万年前曾发生过一段剧烈波动，这可能致使身处南方、适应温暖气候的克罗马农人，入侵了身处北方、适应寒冷气候的尼安德特人。

50. Mark Lynas 在 *High Tide: News from a Warming World* (London: Flamingo, 2004)一书中描述了秘鲁壮观的阶梯冰川消失的情形。Inge Bolin 于2003年11月在美国人类学协会会议上发表一篇论文，名为 "Our Apus Are Dying!: Glacial Retreat and Its Consequences for Life in the Andes"，文章依托人种学和科学证据，报告了世界其他地区的冰川亦在迅速消融。

第三章　傻瓜的天堂

1. 详见我在第二章中对文明的定义。大多数考古学者认为，第一批成熟的文明大约出现在公元前3000年左右，即苏美尔文明和古埃及文明。而文明的兴起大约要追溯到一万年之前，那时在新世界和旧世界都有文明萌发，而培育植物是文明开始的第一步。

2. 引自 Daniel, *The Idea of Prehistory*, pp. 14–15。

3. Letter of Francisco de Toledo, March 25, 1571, 引自 Luis A. Pardo, ed., *Saqsaywaman* no. 1 (July 1970): 144。

4. 引自 *The Journal of Jacob Roggeveen*，翻译及编辑：Andrew Sharp (Oxford: Clarendon Press, 1970)。引自 Paul Bahn and John Flenley,

Easter Island, Earth Island (London: Thames and Hudson, 1992), p. 13，进一步阐述于 Catherine and Michel Orliac, *Easter Island*，翻译：Paul G. Bahn, (New York: Harry N. Abrams, 1995), pp. 98–99。

5. Orliac, *Easter Island*, p. 17.

6. 然而，陆地和海洋的物种都不如大型热带群岛，如斐济和塔希提群岛周围的物种丰富。和马克萨斯群岛一样，复活节岛的周围也没有珊瑚礁。

7. 或者是与智利棕榈树种属相近的一种已灭绝的物种。

8. 这些物种中的大多数都起源于东南亚地区。甘薯则是源自南美洲，在整个波利尼西亚（此为 Bahn 和 Flenley 在 *Easter Island* 所言）的克丘亚语中被称为 "*kumara*"。不知什么原因，这次航行没有带上猪。

9. 在 Bahn 和 Flenley 写的另一本关于复活节岛的杰作中（同上，p. 46），他们说古代秘鲁人没有帆船，这个说法是错误的。从蒂瓦纳库时代以来，南美洲沿岸就有了可远洋航行的 "*balsas*"，航海技术已很成熟。在印加帝国时代，这种船沿着帝国海岸，从钦查和利马南部的其他港口到瓜亚基尔，然后再从那里到巴拿马。这些船和挪威远洋船康提基号（*Kon-Tiki*）的设计很像，但体积更大，结构更复杂。它们配备了多块活动船板。在18世纪，它们不仅可以逆风航行，而且还可以往返加拉帕戈斯群岛——单程就要600英里（近1000千米）。皮萨罗（Pizarro）在1526年拦截了一支从通贝斯前往巴拿马的贸易舰队，从而知道了印加帝国的存在。他乘坐的船上有20名船员，当时船上还载有30吨货物。西班牙人把这艘船的尺寸和航海装备与他们自己的轻快帆船作比较。我们同样知道，印加帝国之前的秘鲁海员曾多次到达加拉帕戈斯群岛，并留下了独特的陶器。他们很有可能曾到达马克萨斯群岛，而那里可能是复活节岛、夏威夷和其他岛屿群体移民的"中心"。我认为波利尼西亚的独木舟同样有可能偶然到达过南美海岸，然后又返回他们的家乡。据西班牙的史学家记载，在15世纪，图帕克·印卡·尤潘基（阿塔瓦尔帕的祖父）从秘鲁出发，历经两个月的航行，去寻找有人居住的岛屿——可参见 Thor Heyerdahl, *Sea Routes to Polynesia* (London:

Allen and Unwin, 1968), chap. 4 and 5，来回顾这一证据，了解其对早期西班牙探险的影响。虽然印加的统治者不太可能离开他的帝国，亲自远征一年之久，但他可能已经下令进行这样的远征。

10. Bahn and Flenley, *Easter Island*, p. 214.

11. 9米。

12. 20米。

13. James Cook，引自同上，p. 170。

14. 同上，p. 165。

15. 一般情况下，战斗都会避开教堂。但在考文垂和德累斯顿战争中，教堂都遭到了轰炸袭击。

16. 罗赫芬（Roggeveen）就至少杀了十几人。后来，外国人的入侵变得更加系统化，对波利尼西亚人黑人奴隶的买卖后来遍及整个太平洋。1805年，美国船只"南希号"在绑架原住民劳役时杀害了许多岛民。1822年，捕鲸船"品都斯号"（Pindos）掠夺岛上的年轻女孩来"取乐"船员，等船员们玩够了，就把她们扔到海里。最恶劣的事发生在1862年，秘鲁贩卖奴隶的人将岛上一半甚至更多的人带到"死亡之岛"，这里是臭名昭著的英资海鸟粪采集场。在那里，工人们被锁在一起工作，直到他们死去。只有15人在塔希提岛主教的人道主义呼吁下得以幸存，活着回到了复活节岛。但他们同时也将天花病毒带回了岛上。到1872年，当皮埃尔·洛蒂（Pierre Loti）来到复活节岛时，这个岛已经成了一个乱葬坑，活着的人不超过100个（Bahn and Flenley, *Easter Island*, p. 179）。

17. 现今立在复活节岛上的那些石像都是后人修复之后的样子。

18. Bahn and Flenley, *Easter Island*, pp. 213, 218.

19. 岛上甚有一种叫作"*rongorongo*"的文字，但许多专家也认为这文字是外来者入侵之后的产物。

20. 苏美尔文明和古埃及文明大约出现在公元前3000年。印度河流域文明大约出现在公元前2500年。中国商朝开始于约公元前1600年。米诺斯文明和迈锡尼希腊文明分别开始于公元前1700年和公元前1500

年。墨西哥的奥尔梅克文明和秘鲁的查文文明开始于公元前1200年。有关秘鲁海岸的一项重要发现显示，卡拉尔（Caral）大约从公元前2600年开始就建立起灌溉系统，开始了城市建设（包括建造总计200万立方米的金字塔）。

21. 美索不达米亚、印度、埃及和希腊共享着同一片新月沃地。中国、墨西哥和秘鲁则各自培育出自己的农作物，后来又与其他文明分享培育所得，换回了新的作物。学派间一直在激烈争论有关艺术、数学和写作等两个半球间的文化传播问题。在我看来，古代中国的文明，就和墨西哥、秘鲁等地的文明一样，基本独立于其他文明发展。

22. 这些人包括亚述人、巴比伦人、腓尼基人、犹太人、阿拉伯人和其他使用闪米特族语系的人。

23. N. K. Sandars, trans., *The Epic of Gilgamesh* (Harmonds- worth, UK: Penguin, 1972), p. 65.这些故事已经很少有原始的苏美尔语版本了。大部分的故事都经过了亚述人或巴比伦人的改编而流传至今。因此，"Sandars"使用的是闪米特语中的人名以及神名。例如，苏美尔人最初将女神伊什塔尔称为伊南娜（Inanna），将天神、其他神之父阿努称为安（An）；太阳神沙玛什（Shamash）被称为乌图（Utu）；智慧之神埃亚是恩基（Enki）。

24. 分别为4公顷和12公顷。

25. 马歇尔·萨林斯（Marshall Sahlins）称狩猎-采集社会为"最早的富裕社会"，因为他们在食物和住所上花费的时间很少。[Sahlins, *Stone Age Economics* (London: Tavistock Publications, 1972), chap. 1]。加泰土丘人口的预期平均寿命数据（Scarre, *Past Worlds*, p. 82）看起来不错，但那是按照古代标准来衡量的，实际上他们的寿命比大多数狩猎-采集者的要短。这些数据是从考古遗迹的墓葬中推算出来的。

26. 参见 Charles Redman, *Human Impact on Ancient Environments* (Tucson: University of Arizona Press, 1999), pp. 106–109。可以从花粉、木炭、火山灰层和沉积物等中找到证据。Gary和Ilse Rollefson

在约旦的艾因加沙地带进行的研究，为我们提供了当时环境退化的关键证据。随着建造房屋所使用的木材厚度越来越薄，房屋也开始变得越来越矮小，同时，猎物也越来越少，种类也越来越单一。

27. 到20世纪70年代，黎巴嫩仅存的最大的雪松林也只有约400棵树。W. B. Fisher, *The Middle East: A Physical, Social and Regional Geography* (London: Methuen, 1978), p. 95.

28. Gordon Childe, *New Light on the Most Ancient East* (London: Routledge and Kegan Paul, 1954), p. 114. 这本书最初名为 *The Most Ancient East*，于1928年首次发表。

29. 这是文明起源中著名的但仍有争议的"水利理论"，由 Julian Steward 在1949年提出。这一理论虽然不适用于所有文明，但对于美索不达米亚、埃及和印度河流域的文明起源研究来说仍然具有参考价值。

30. 参见 Trigger, *Early Civilizations*, p. 9, citing Robert McCormick Adams, *Heartland of Cities: Surveys of Ancient Settlement and Land Use on the Central Floodplain of the Euphrates* (Chicago: University of Chicago Press, 1981)。

31. 这些建筑都是用泥砖建造的，还有石膏、彩色瓷砖、石头和烧砖等。顶部和平台的表面覆上焦油，这也是已知的最早使用伊拉克石油的案例。从它的高度和所使用的彩色瓷砖的几何图案来看，通灵塔应该是之后的清真寺宣礼塔（Minaret）的前身。

32. Childe, *What Happened in History*, p. 101.

33. 在富含燧石和黑曜石等矿物的地方，和石器相比，青铜器的性价比并不高。但在那些所有原材料都需要进口的地方，青铜工具就有了突出的优点，即可以被无限修复。破损的青铜斧头或青铜刀具可以重新铸成其他工具，而破损的石器基本上就不能再使用了。

34. 神殿中的性行为和卖淫在许多文化中都有。苏美尔文明中的妓女可能与古希腊的高级妓女类似。这是美索不达米亚的习俗，毫无疑问也是后来《圣经》里把巴比伦评价为"大淫妇"的原因之一。

35. 参见虚构故事《彼勒与大龙》，故事中，但以理向巴比伦国王展示他的祭司是如何欺骗他的。

36. 吾珥的占地面积只有150英亩（60公顷），是一个典型的苏美尔城市的大小。乌鲁克大约有5万人，而吾珥和其他地区的人口约在1万到2万人之间，这样的规模与当时世界上许多中等规模的早期城市，以及中世纪欧洲的城市相当，但远不及拥有约50万人口的罗马，或约25万人口的特诺奇蒂特兰（Tenochtitlan），即墨西哥城。参见第四章注释20。

37. 450公顷。

38. Sandars, *Gilgamesh*, p. 61.

39. M. E. L. Mallowan, 在 *Early Mesopotamia and Iran* (London: Thames and Hudson, 1965)一书中，引用了拉格什关于第一个"政教分离"的文本证据（p. 88）。

40. 神权观念在欧洲一直持续到法国大革命，在日本则一直持续到1945年。

41. Ponting, *Green History*, p. 58.

42. J. M. Coetzee, *Waiting for the Barbarians* (London: Penguin, 1982), p. 79.

43. 此陵墓属于早期王朝时代，不应与吾珥的第三王朝混淆。

44. 在古代中国，一座商朝的陵墓里挖掘出165具陪葬的遗骸（参见 Scarre, *Past Worlds*, p. 147, and Watson, *China*, p. 69）。

45. 卡霍基亚最大的金字塔，底部占地16英亩（6.5公顷），高达100英尺（30米）。它是世界上最大的建筑之一，也是20世纪之前美国最大的建筑。卡霍基亚的市中心有一个占地300英亩（120公顷）的封闭区域，整个城市中心至少有1200英亩（490公顷）。参见 Scarre, *Past Worlds*, pp. 230–31; Jack Weatherford, *Native Roots: How the Indians Enriched America* (New York: Crown, 1991), pp. 6–18; Joseph A. Tainter, *The Collapse of Complex Societies* (Cambridge: Cambridge University Press, 1988), p. 16; Carl Waldman, *Atlas of the North American Indian* (New York: Facts on File, 1985), p. 22; Melvin Fowler, "A Pre-Columbian Urban Center on the Mississippi," *Scientific American*, August 1975. 据估计，卡霍基亚的人口在2万

到7.5万之间，从它广阔的面积和土丘的数量（约120个）来看，我怀疑这座城市在10世纪的全盛时期的人口不到4万人。位于城市南部的纳齐兹人（Natchez）一直延续着陪葬的习俗至有历史记录的时期。

46. 引自 Nancy Jay, *Throughout Your Generations Forever: Sacrifice, Religion, and Paternity* (Chicago: University of Chicago Press, 1992)。

47. 亚当和夏娃的传说有一定的瑕疵（尤其是他们儿子的妻子的来处），但它包含着一些人道主义信息：所有的人都是亲人。14世纪英格兰农民起义时，一位叛变的牧师约翰·鲍尔（John Ball）吟唱道："当先祖亚当和夏娃在辛勤劳作时，贵族们又在哪里？"鲍尔是一位被逐出教会的牧师，他建议杀死所有的贵族和律师（参见 Shakespeare's *Henry VI, Part Two*）。1381年，他被理查德二世所杀。

48. 几位印加国王的名字中都有"qhapaq"这个词。但是在现代克丘亚语中，"qhapaq"就只有"富有"之意了。

49. 引自 Sahlins, *Stone Age Economics*, p. 259。

50. 在过去的2000年里，中国几乎每年都有至少一个省份发生饥荒（Ponting, *Green History*, p. 103）。

51. 130千米。

52. 巴士拉（Basra）和巴格达一样，都是在公元7世纪由穆斯林入侵者建造。2003年，英国军队攻破并占领了巴士拉。

53. 320千米。

54. 或者大洪水。考古学家在最早的苏美尔文明的土壤层中发现了几次灾难性洪水的证据。

55. 乌塔那匹兹姆来自舒鲁帕克城（Shurrupak），现在的法拉地区（Fara），最早获得突出地位的人之一（参见 Sandars, *Gilgamesh*, p. 40）。这表明，这个传说背后的大洪水发生在苏美尔时代的早期，当时的城市更容易被淹没。乌塔那匹兹姆的名字的意思是"遥远的人"。洪水过后，他变成了波斯湾边缘的一个水精灵。

56. 这些文字摘录于Sandars的译文，pp. 108–13。

57. 引自 Ponting, *Green History*, p. 70。

58. 洪水的故事可能反映了人们对自然负载的一些认识。由于人类的噪声和数量，风暴之神恩利尔被激怒去摧毁人类，而在洪水过后，人类的生育能力和寿命都下降了。

59. Tainter, *Complex Societies*, p. 7.

60. 引自 Ponting, *Green History*。我用了庞廷（Ponting）所做的出色总结（pp. 68–73）以及 Redman 的总结（*Human Impact*, pp. 133–39）。

61. 来自联合国粮食和农业组织（FAO）的统计数据，见 Goudie, *Natural Environment*, p. 170.伊拉克的这个数字不包括不再使用的土地。Fisher (*Middle East*, p. 85)估计，伊拉克80%的农田"在不同程度上"是盐渍的，每年有1%变得"无法使用"。埃及的土地也变得越来越咸，但这是最近才发生的，随着20世纪50年代阿斯旺大坝的建设，尼罗河的水量减少，冲击力也相应减小，埃及尼罗河流域的自然生态系统已经变成了一种更像伊拉克地区的人工生态系统。

第四章　金字塔架构

1. 参见本书第一章以及 Pollard 的 *Idea of Progress*。

2. Adams估计苏美尔人口有50万左右，Trigger (*Early Civilizations*, p. 30)也认同这个数字。这一估算应该是较为保守的，但考虑到已知的城市规模，以及大多数人居住在城市内部的事实，真实的数量最多也不会超过这个数字的一倍。而对公元8世纪玛雅人口的估算就差异很大了，不过大体来说，估算低地地区居住有500万人，危地马拉高地和恰帕斯高地居住有100万至200万人。Webster 的估算数字一般都比较低，他引用的地理研究表明，在大约9000平方英里（23000平方千米）的中心地带生活着大约有300万人，而这片区域只占整个玛雅地区的1/10。他认为低地地区应该有400万到500万人，但又觉得这数字太高了（Webster, *Ancient Maya*, pp. 173–74）。Linda Schele 和 David Freidel，在 *A Forest of Kings: The Untold Story of the Ancient Maya* (New York: Morrow, 1990), pp. 57–59一书中，认同蒂卡尔王国约有50万人，而到公元8世纪，玛雅可能已经发展有60个城邦，而每个城邦都有不到5万人。

3. 尽管苏美尔人对后来的文明有很大的影响，但苏美尔人的民族身份却渐渐消亡了。苏美尔语言只是作为一种死掉的语言出现在巴比伦学者的研究当中，现实中已经没有人使用这种语言了。

4. 目前，有二十多种相互关联但又各有不同的玛雅语言，每一种都大致对应一个古代玛雅的城邦。以玛雅语为母语的人越来越多地参与到前哥伦布时代文本的解读中，而那些玛雅历法的牧师，或被称为"照看日历的人"，将玛雅历法一直保存至今。玛雅人的政治活动家包括1992年诺贝尔和平奖得主里戈韦塔·门楚（Rigoberta Menchú）。参见 W. George Lovell, *Conquest and Survival in Colonial Guatemala: A Historical Geography of the Cuchumatán Highlands 1500–1821*, 2nd ed. (Montreal: McGill-Queen's University Press, 1992), and *A Beauty That Hurts: Life and Death in Guatemala* (Austin: University of Texas Press, 2000); Rigoberta Menchú, *I, Rigoberta Menchú: An Indian Woman in Guatemala*, trans. Ann Wright (London: Verso, 1984); and Barbara Tedlock, *Time and the Highland Maya* (Albuquerque: University of New Mexico Press, 1982)。

5. Ronald Wright, *A Scientific Romance* (London: Anchor, 1997), pp. 66, 259; Ronald Wright, "Civilization Is A Pyramid Scheme," *Globe and Mail,* August 5, 2000.

6. Edward Gibbon, *The History of the Decline and Fall of the Roman Empire* (London: Folio Society, 1995), p. 31.

7. 用"新欧洲"一词指代美国、澳大利亚、阿根廷等地，是 Alfred Crosby (*Ecological Imperialism*, pp. 2–3)的首创。在这里，我主要是指19世纪美国在北美大陆上的帝国扩张。美国的民族神话认为扩张是"探索"和"定居"，但事实上，这些扩张让一个又一个的印第安部落的原住民流离失所，这其中包括切罗基人和易洛魁人等高度组织的印第安部落。这实际上就是帝国扩张，和纳粹德国的"生存空间"政策有很多相似之处。美国历史学家帕特丽夏·纳尔逊·利默里克（Patricia Nelson Limerick）写道："在美国历史上，没有比征服更清楚的史实了。在北美洲和在南美洲都一样……欧洲人入侵了曾完全属于原住民的土地。"Patricia Nelson Limerick, *Something in the Soil* (New York: Norton, 2000), p. 33.

8. 人们经常忘记，古典雕塑最初是用明亮的颜色画的，装饰着布、金属和头发，这或许与中世纪的宗教形象没有什么不同。

9. 山羊最糟糕的一点是，它可以爬上较低的树枝，把树皮通通啃掉，甚至能将已经成熟的树木毁掉。W. B. Fisher (*Middle East*, p. 91)写道："不受限制的放牧，特别是对'山羊的尖牙'不加管控，是中东地区农业文化落后的根本原因之一。"如果放牧者让绵羊去到它们自然活动以外的区域，也会造成一些问题，因为当地的植物可能无法承受它们。

10. 我在秘鲁看到过陡峭山坡上的田地，因为太陡了，农民有时甚至会从山上滚下来。

11. 参见 Ponting, *Green History*, p. 76。

12. 引自同上，pp. 76–77；也可参考 Richard Manning, "The Oil We Eat," *Harper's Magazine*, February 2004, pp. 37–45. *Critias* 能够在 classics.mit.edu阅读，是由 Benjamin Jowett翻译的另一个译本。

13. 引自 *Amores*, Book 3。翻译：Guy Lee (London: John Murray, 1968)，2000年再版时改名为*Ovid in Love*。

14. 小镇名为萨拉米斯（Salamis）。

15. Tainter, *Complex Societies*, p. 132.

16. John Milton, *Paradise Lost*, book 4. 1783年11月18日，年轻的William Pitt在下议院发表讲话时补充说，"亟待修正"也成了"奴隶的信条"。

17. Trigger, *Early Civilizations*, pp. 8–9.

18. 公元前27年至公元284年这段时期被历史学家称为"元首统治期"，接着是"控制时期"。直到戴克里先（Diocletian）掌权后，统治者才真正成为至高无上的君主，像东方的帝王一样拥有无上的尊荣。

19. 罗马的"鹰派"人士认为罗马还能继续向外扩张，沿着丝绸之路扩张到靠近海洋的地方，遥远的世界尽头。

20. 据估计，罗马的人口数量在40万到100万之间不等，不过目前还不清楚周围的城邦有多少。大多数罗马人住在拥挤的出租房里，因为在奥勒良城墙内5平方英里（十几平方千米）的土地上不可能居住着超过几十万人，特别是考虑到这片土地上还有许多广场和公共建筑。罗马城，包括偏远郊区、兵营和别墅在内，在鼎盛期时可能居住着100万人。而罗马帝国的其他城市都要小得多，除了君士坦丁堡（公元4世纪时人口在20万到40万之间），还有叙利亚的安提阿。墨西哥的特奥蒂瓦坎是一个方正的城市，占地8平方英里（21平方千米），在1世纪到7世纪的全盛时期约有25万人。古代中国的城市主要是用木材和泥土建造的，到现在已经很难还原其建筑的样子，也就很难估算人口[参见 Paul Wheatley, *The Pivot of the Four Quarters: A Preliminary Enquiry into the Origins and Character of the Ancient Chinese City* （Edinburgh: Edinburgh University Press, 1971），p. 183]。直到公元11世纪，中国才加快了城市化进程。

21. Webster, *Ancient Maya*, p. 150; Goudie, *Natural Environment*, p. 32.

22. 墨西哥市由特诺奇蒂特兰和特拉特洛尔科（Tlatelolco）组成，建在一个大湖的人工延伸岛屿上，后来，大湖逐渐干涸了。它有公共厕所，并雇用了1000名街道清洁工。城市中的污水由独木舟运出城外，浇灌到农田中。Cortés写道，主广场足可以容下一个500人规模的城镇，里面有40座金字塔，其中最大的塔"比塞维利亚大教堂还要高"（引自Viola and Margolis, *Seeds of Change*, pp. 36–37）。1519年，墨西哥城大约有25万居民，在19世纪末之前都没再超过这个数字。Moshe Safdie 在 *The City After the Automobile: An Architect's Vision* (Toronto: Stoddart, 1997), p. 85，描述了墨西哥城如何以惊人的速度从1900年的34.5万人增长到20世纪90年代的2100多万人。

23. 见第二章以及第三章内容。

24. 参见狄更斯在《艰难时世》中对"焦炭城"（coke town）的叙述，详见本书第五章注释39。

25. Tainter, *Complex Societies*, p. 143.这里的银币指埃及的德拉克马，与古罗马的银币挂钩，也同样贬值了。Fisher (*Middle East*, p. 160)，继Piny之后也发现，随着罗马与远东地区的丝绸和其他东方奢侈品贸易的增长，帝国"四分之一到一半"的金银流入了亚洲。

26. Tainter, *Complex Societies*, p. 147.例如，在公元378年，巴尔干半岛的矿工叛逃并投靠了西哥特人。

27. 在比费尔诺（Biferno）地区，这种影响"对于河谷来说是前所未有的，一直持续到现代"（Redman, *Human Impact*, p. 116）。西班牙东南部的维拉（Vera）盆地也表现出同样的情况：人口（和侵蚀）急剧上升，直到公元400年全部崩溃。这里也经历了青铜时代早期集约化的大麦种植造成的破坏；接下来1000年，这里都被荒废着，直到罗马早期。

28. 9米。

29. Ponting, *Green History*, pp. 77–78.

30. 差不多一平方千米多一点。

31. 参见 *Exeter Book* 中的古英文诗"The Ruin"。

32. 10公顷。

33. 如果当时世界拥有2亿人口，我认为美洲很可能有3000万到5000万人口，中国和印度也是如此。庞廷估计公元200年，整个新大陆只有500万人，公元1300年只有1400万人，这个数字太低了（Ponting, *Green History*, pp. 92–93）。大多数专家现在普遍认同的数字是，在1492年时，新大陆总共有8000万到1亿的人口，而当时世界人口的总数约为3.5亿到4亿。

34. "查文"得名于安第斯山脉中部的一个寺庙城（Chavín de Huantar）。一些专家认为雕刻华丽的石头城遗址曾是朝圣中心，其他人则认为它曾是查文的政治中心。

35. 差不多4000米。

36. 蒂瓦纳库有3万到6万人。作为最后才被干旱摧毁的地方，它的都城中有运河、开垦的土地和巨石建筑，1000年后，这些工艺精湛的石雕给印加人留下了深刻的印象。它与现代阿亚库丘附近的城市瓦里（Huari）的关系仍然不清楚。尽管他们共享着艺术风格和一些标志，但他们也有可能是竞争对手。参见 Alan Kolata, *Tiwanaku and Its Hinterland: Archaeology and Paleoecology of an Andean Civilization* (Washington, DC: Smithsonian Books, 1996);及 Charles Stanish, *Ancient Titicaca: The Evolution of Complex Society in Southern Peru and Northern Bolivia* (Berkeley, CA: University of California Press, 2003)。

37. 白人并不是第一个在美洲大陆上建立起巨大的方形城市，并向外扩张的人。

38. 21平方千米。

39. Webster, (*Ancient Maya*, p. 297)提到，公元前2000年，科潘已有了玉米。其他玛雅城市也在这个时候开始了农耕生活。

40. 早期的文字是在危地马拉高地的埃尔波顿（El Porton）的一块石碑上。参见Sharer, *Ancient Maya*, p. 79。

41. 9公顷。

42. 这指的是艾尔米拉多的丹塔平台，两边的长度均是1000英尺（300米），高230英尺（70米）。它的一部分是一座天然的山丘。那时，也有其他与之相似的建筑，如埃尔蒂格雷（El Tigre）建筑群的规模是蒂卡尔王国最大庙宇的6倍。同上，p. 114ff。

43. 60米。

44. 在旧世界，巴比伦人几乎已经发明了位置数字系统，但还缺少一个真正意义上的"0"。部分专家现在认为，已消失的巴比伦人确实在公元前300年左右发展出了"0"的概念，当时，亚历山大刚刚建立塞琉西王朝。如果是这样的话，那么印度数字系统中的"0"可能就来自巴比伦。长期以来，人们都相信，现代的阿拉伯数字体系最早于公元6世纪出现在印度北部，8世纪从印度传至巴格达。欧洲数学家在12世纪开始看到阿拉伯数字系统的优势，但完全采用则又花了几个世纪。奥尔梅克人和玛雅人可能在公元前6世纪就建立了自己的数字体系，比印度早了1000多年，（比古巴比伦早大约两三个世纪）。有趣的是，玛雅人的数字系统是二十进制，但玛雅的语言却使用十进制计数，比如"十三"（Oxlahun）是由"3"（Ox）和"10"（Lahun）组成的，这与英语和其他大多数其他语言的计数规则相同。南美洲的印加人也有"0"的概念，采用十进制，但起源日期不详。一些相信跨太平洋接触的学者认为，亚洲的算术可能受到了美洲的影响——这个观点目前仍有一定争议，但并非不可能，特别是考虑到"0"的发明极其罕见。

45. 埃及人的文字与苏美尔人的文字完全不同，但写作的概念可能都源自苏美尔人文明。印度河流域的文字可能也是如此，不过目前还未被有效解读。19世纪初，塞阔亚Sequoyah发明了切罗基语的音节，这很有趣，且有大量文献记录证明文字的灵感是被激发的，而不是被复制的。关于玛雅文字的破译，可参见 Michael D. Coe, *Breaking the Maya Code* (London: Thames and Hudson, 1992)。

46. Trigger (*Early Civilizations*, p. 8ff) 指出，如果文明完全靠自己发明出文字，一般会出现在文明的早期。

47. 若想对玛雅天文历法有一个总括性的了解，可参考 Sharer, *Ancient Maya*，还可参阅 Ronald Wright, *Time Among the Maya* (London: Bodley Head, 1989)，来了解玛雅历法的计算原理，以及一些令人惊叹的预测未来的案例。有关玛雅历法的研究，可以参考 Eric Thompson, *Maya Hieroglyphic Writing* （Norman: University of Oklahoma Press, 1971）和 David H. Kelley, *Deciphering the Maya Script* （Austin: University of Texas, 1976）这两本著作，不过他们关于玛雅文字的研究已经有些过时了。

48. Sharer, *Ancient Maya*, p. 471.

49. 同上，pp. 467–76。与墨西哥的城市不同，大多数玛雅城市都不是方形的，且城市边缘的区域会渐渐融入乡村。蒂卡尔王国的"边界"是一些土方工程和盆地，它们包围了约50平方英里（120平方千米）的核心城市区域。有些研究玛雅文明的学者认为，玛雅的政治体系由名义上独立的城邦组成，轮流执掌整个王国的大权，与现代的民族—国家体系有些相像。有些学者则认为，玛雅文明中一些更为强大的城市分别建立了短命的帝国，就像古希腊的雅典那样。

50. 同上，p. 471,以及 T. Patrick Culbert and Don S. Rice, eds., *Precolumbian Population History in the Maya Lowlands* (Albuquerque: University of New Mexico Press, 1990)。也可参考 Webster, *Ancient Maya*, pp. 173–74，以了解关于人口问题的综述。但是，我认为他低估了集约化农业的程度，仅将玛雅城市描述为"皇家中心"，似乎要恢复很早就被否定的仪式中心模式。不过从其他角度来看，他的书是对玛雅帝国的衰亡最好的，也是最新的总结。

51. 每平方千米200人。

52. 阿兹特克人在墨西哥城周围的浅湖中也有类似的农业系统，他们每年种植4种作物。在山区，玛雅人有时会建造梯田来巩固土壤，但没有达到亚洲或安第斯山脉的梯田规模。位于玻利维亚安第斯山脉的蒂瓦纳库市的居民也在的提提卡卡湖周围种植了农田，不过只有马铃薯和其他高海拔作物，如柳麦和藜麦等。在这种情况下，运河可以蓄积热量，防止霜冻。有些地方修复了这些系统，大幅提高了产量。Trigger (*Early Civilizations*, pp. 28–34) 概述了阿兹特克人和其他古代文明的粮食生产体系。

53. 赫胥黎的作品《在墨西哥湾外》（*Beyond the Mexique Bay*）中关于玛雅的考古内容已经非常过时了，但它仍然是一本关于20世纪30年代该地区风土人情的有趣作品。

54. 令人印象深刻的玛雅建筑的复制品曾在1893年的芝加哥世界博览会上展出。参见 Barbara Braun, *Pre-Columbian Art and the Post-Columbian World: Ancient American Sources of Modern Art* (New York: Abrams, 1993)，以了解前哥伦布时代对现代艺术和建筑的影响。

55. 这些建筑都是从蒂卡尔695年战胜卡拉克穆尔到810年修建好第三号寺庙之间的115年内建成的。参见Webster, *Ancient Maya*, chap. 8。所有这些似乎都被设计成皇家陵墓，是王室对公共空间的占用，在中美洲，之前没有发生过类似的事。国王和贵族以前都被埋葬在现有的寺庙平台上。最令人印象深刻的墓穴是帕卡尔（Pacal）在帕伦克的坟墓，在墓穴的走廊和楼梯上都可以见到陪葬的随从。

56. 或者在790年到792年之间。这些日期不是很完整。

57. 除去869年一个堂吉诃德式的闪现之外。

58. 一些专家仍然争论玛雅的长计数历法和我们的历法之间的相关性，但大多数人都接受了"Goodman-Martinez-Thompson"的算法，显示两种历法之间只相差两天。虽然后古典时期的玛雅人放弃了长计数历法，但仍然记得它，并且在西班牙统治时期继续使用了与之关联的短计数历法。至今，危地马拉的历法管理者仍在使用该历法系统的一部分。最近，他们又重新开始使用长计数历法，并开始印刷玛雅年历。

59. Webster, *Ancient Maya*, pp. 273–74.

60. 同上，p. 312。

61. 同上，p. 317。

62. 同上，p. 309。

63. 如果干旱是主要原因，人们就会认为，就连在最好的时候都终年干旱的尤卡坦会遭受最大的损失。梅里达（Merida）的平均降水量为94厘米，大约是蒂卡尔的一半（同上，p.224）。尤卡坦大部分地区没有河流或湖泊，只能从天然水井和人造蓄水池中获取水源。人们总是对降水问题感到焦虑，尤卡坦许多古代建筑上都覆盖着雨和水之神查克的脸部雕像。但其实玛雅文明衰亡最严重的地方在他们的中心地带，佩腾森林（Peten Jungle）。在尤卡坦北部和南部的高地，玛雅文明仍然继续发展，建造城镇，并将古老的知识抄写下来，一直延续到西班牙时代。直到18世纪初，一些尤卡坦的玛雅人仍然可以读写古代的玛雅文字。也有一些玛雅城镇在丛林中幸存了下来，比如佩滕伊察湖的塔亚萨尔（Tayasal），以及伯利兹的拉马奈（Lamanai）和提普（Tipu），不过规模非常小。我认为当西班牙人到达的时候，当地的人口已经恢复到古典期的1/10左右。而在那之后，源自欧洲和非洲的疾病让人口复兴成为泡影，一直持续到维多利亚时代。但直到1697年塔亚萨尔被征服之前，它的人口数量也不时因为从西班牙涌入的难民而增加。

64. 玛雅文明似乎曾两次受挫：在前古典期末期（大约公元200年），以及古典期中期（6世纪）。严重的干旱很可能导致了战争和动荡，但没有导致文明的普遍衰落。

65. 14世纪中期的黑死病缓解了欧洲的土地压力，而由此产生的劳动力短缺则促进了创新和社会流动。玛雅人的人口复兴被天花和西班牙人带来的其他新的瘟疫所中断。

66. 比费尔诺山谷在罗马时代被严重侵蚀，因此一直到15世纪之前都没有密集的开发和土壤的侵蚀（Redman, *Human Impact*, p. 116）。在玛雅的科潘市，花粉研究表明，森林大约在公元1250年开始恢复生机；Webster (*Ancient Maya*, pp. 312–14)描述了废墟中现代玉米田的地层研究结果。这一地区和丛林中的重新耕作是最近才开始的——19世纪中期的John L. Stephens 和 Frederick Catherwood等探险家就很难看到这样的景象。如前所述，罗马时期的北非还没有恢复，直到现在也大部分是沙漠。

67. 冰河时期结束后，这些山林曾经繁茂了一段时间，但在埃及文明开始时，大部分地区已经变成了沙漠。

68. 39000平方千米。

69. 在古埃及文明3000年的时间里，仅有的创新就是公元前1300年左右发明的"沙杜夫"（Shadduf，长杆桶），还有公元前300年发明的"萨基亚"（Sagiya）水车。而燧石、镰刀等石器，在古代中国广泛存在。

70. 自20世纪50年代阿斯旺大坝建设以来，埃及的生态环境已经发生了巨大的变化。大部分淤泥不再被冲至农田，人们只好用粪便和化肥取而代之。盐渍化和内涝日益严重。 J. A. Wilson 在 "Egypt through the New Kingdom: Civilization without Cities," *City Invincible*, eds. C. H. Kraeling and Robert McCormick Adams (Chicago:

University of Chicago Press, 1960)中，称埃及为"没有城市的文明"，因为其大多数人口都住在河边田野旁边，那些在干燥土地上建起的小村庄里。

71. 从公元前3000年到公元1500年，世界人口的平均增长率接近0.1%（Ponting, *Green History*, pp. 89–90），大约每800年翻一番。古埃及王朝被认为拥有120万到200万左右的人口，古代中国的人口则在200万到300万之间。在托勒密时期刚开始时，埃及人口可能到了一个小高峰，大约600万到700万人，但在罗马时代有所下降。直到1882年，埃及的人口总数仍然只有670万，也就是说，自法老时代以来的2000多年里，它的人口几乎没有增长 [Alfred Crosby, *The Columbian Exchange: Biological and Cultural Consequences of 1492* (Westport, CN: Greenwood Press, 1972), p. 190]。但到了1964年，埃及人口已经直线上升到2890万人。克罗斯比认为，这很大程度上要归因于玉米的引进。自1964年以来，埃及人口又翻了一番，但此时，埃及人主要吃进口小麦，玉米则成了牲畜的口粮 [参见 Timothy Mitchell, "The Object of Development: America's Egypt," in Jonathan Crush, ed., *The Power of Development* (London: Routledge, 1995)]。

72. 每平方千米150人。

73. 对埃及木乃伊的研究表明，即使是上层阶级的健康状况也很差。由于拥挤的生活和不安全的水，感染寄生虫很常见，那些被严重剥削的底层民众更是严重营养不良。

74. 两大帝国之间主要的贸易商品是丝绸，它沿着丝绸之路从中国间接流入罗马。这两个帝国对彼此的存在只有模糊的概念。

75. 中国的记录显示，从公元前108年开始到1910年，几乎每年都会有至少一个省经历饥荒（Ponting, Green History, p.105）。

第五章　工具的反叛

1. Tainter, *Complex Societies*, p. 59.

2. 在14世纪中期的黑死病大流行后，欧洲、北非和旧世界的其他地区失去了大约1/3的人口。在欧洲，这打破了旧的等级制度，并推动了磨坊和其他简单机器的使用与发展。在伊斯兰世界，劳动力的严重短缺使得灌溉工程停滞不前，进而导致了经济衰退，引发西班牙的基督教重新占领当地。1500年，欧洲的传染病还没有袭击新世界，那时新世界的人口可能有8000万到1亿——占世界人口的1/5到1/4。到1600年，在中美洲人口密集的地区，如安第斯山脉和北美东南部，人口下降了90%以上。在16世纪，新世界损失的总人口数至少为5000万，这只是保守估计，实际损失可能高达7500万甚至更多。

3. 目前，世界人口每年增长7000多万，低于20世纪80年代的每年9000万。

4. Redman, *Human Impact*, p. 124.例如，科尔卡山谷（Colca valley, qollqa的意思是"粮仓"）在印加帝国时期就已经被开垦为梯田，如今，在库斯科附近的神圣谷（Urubamba valley）也可以看到仍在使用的梯田。海鸟粪是由航海的钦查商人开采的，打包好后再用美洲驼队运入山区。如果印加人使用海鸟粪的速度不超过鹈鹕自然排泄粪便的沉积速度，他们本可以有用不完的肥料。和埃及和中国一样，秘鲁也有来自自然的馈赠，当地的海鸟粪在维多利亚时代中期臭名昭著的"鸟粪热潮"中被重新发现并开采出来。也可参见本章注释25。

5. 这个名字的大致意思是"四方联合的国度"。

6. 近5000千米。

7. 阿兹特克帝国可能在某种程度上比印加帝国发展程度更高些，虽然后者规模更大，但城市化程度更低。据估计，印加人有600万到3200万，阿兹特克人有1200万到2500万，大部分人认同更高的人口数字。无论真实的数字是什么，可以肯定地假设，美索亚美利加（包括玛雅人和其控制之外的人口）和塔万廷苏尤（或称"印加帝国"）的人口加起来至少占新大陆总人口的一半。关于世界人口估计和来源的过时但仍有效的讨论，参见 Fernand Braudel, "Weight of Numbers," *The Structures of Everyday Life* (New York: Harper and Row, 1981)。

8. 22500千米。

9. 中央管制经济主要在帝国主义层面上运作，而地方似乎在一定范围内管理着自己的事务。例如，善于航海的钦查商人在与巴拿马，可能还有墨西哥西部的奢侈品贸易中发挥了重要作用。早期的西班牙语和当地资料证实，生活必需品——食物、住所、衣服——在贫困时期由帝国提供。尽管安第斯地区自然环境比较严酷多样，人口密度也有些高，但是粮食生产还是能满足人民的需求。对"印加黄金时代"的怀旧，成了印加3个世纪以来反抗西班牙的殖民者的不竭动力。在17世纪的叛军领袖中，就有西班牙出生的阿根廷人，使用印加的名字和头衔。参见 Luis Millones, "The Time of the Inca: The Colonial Indians' Quest," *Antiquity* no. 66 (1992): 204–16。最大的印第安人起义当属1780年印加图帕克·阿马鲁二世的起义，他是印加皇室正宗的后代，差一点将西班牙殖民者驱逐出秘鲁——比克里奥人（Criollo，白人定居者）起义建立拉丁美洲共和国早了40年。在墨西哥，尽管前哥伦布时代世界的元素确实激发了墨西哥的民族主义，但仍未有能力发动类似的起义来恢复阿兹特克的统治。

10. Geoffrey W. Conrad 和 Arthur A. Demarest, 在*Religion and Empire* (Cambridge: Cambridge University Press, 1984)一书中，认为帝国在政治上不断寻求扩张使帝国本身变得不稳定。也许这样说有一定道理，但我认为其他处于类似阶段的帝国（例如，恺撒大帝时期的罗马）也没有过早因为扩张而变得不稳定。拿阿兹特克和印加对比的话，阿兹特克人因剥削和掠夺而被群众憎恨，可能是两者中更不稳定的。也有证据表明，双方都在试图改革自己，以实现长期稳定。重要的是，皮萨罗发现秘鲁的内战和解体完全是天花和其他旧世界瘟疫的结果。

11. 如果来到一块"处女地"，即之前从未有过天花感染的地方，那么天花病毒通常会导致50%至75%的人死亡。玛雅编年史记载了瘟疫对一个王国皇室的最初影响：4位卡克奎尔（Cakchiquel）统治者，其中3位同时死亡。秘鲁的瓦伊纳·卡帕克（Huayna Capac，阿塔瓦尔帕的父亲）和他指定的继承人去世了，在蒙特祖玛

（Moctezuma）死后，接管了墨西哥的奎特拉瓦克（Cuitlahuac）也去世了。所有这些大流行病都被认为是由旧世界，特别是亚洲的人畜共患病产生的。新世界的农业更严重地依赖于植物；而被驯化的美洲动物似乎并没有携带可传染给人类的疾病。

12. Crosby, *Ecological Imperialism*, p. 200.

13. 在1517年和1518年，弗朗西斯科·埃尔南德斯（Francisco Hernandez）和胡安·德·格里贾尔瓦（Juan de Grijalva）在尤卡坦和墨西哥湾沿岸与玛雅人的战斗中被击败。另一个西班牙人，阿列霍·加西亚（Alejo García），在16世纪20年代早期从巴拉圭入侵印加帝国，也被击退了。1521年，胡安·庞塞·德·莱昂（Juan Ponce de León）在佛罗里达被杀，他的手下撤退了。当地最大的胜利是在墨西哥城举行的"悲伤之夜"。在大约1200名西班牙人（在最初的征服战争中规模最大的欧洲军队）中，有近900人被杀。当时的伯纳尔·迪亚兹（Bernal Díaz）说，包括奥图巴战役在内，有860人被杀。西班牙人有69匹马，阿兹特克人杀死或俘虏了46匹。科尔特斯（Cortés）撤退并从古巴得到增援，但直到几个月后墨西哥监狱爆发天花，他才再次发起进攻。参见Ronald Wright, *Stolen Continents*, p. 43。

14. 如果没记错，吉米·卡特在公众的强烈抗议后停止了这个计划。

15. 征服墨西哥是一场为期两年的斗争，阿兹特克人一直是胜利的一方，直到天花爆发。在秘鲁，艰苦的战斗在阿塔瓦尔帕被审判处死后就开始了。

16. Fray Motolinía,引自 Crosby, *Columbian Exchange*, p. 52。

17. Francis Jennings, *The Invasion of America: Indians, Colonialism, and the Cant of Conquest* (New York: Norton, 1976), p. 30.北美和部分低地热带地区尤其如此，在那里，从旧人口的崩溃到新人口的到来，经过了一个世纪或更长的时间。和玛雅丛林一样，北美东部的大部分"原始森林"都是在废弃的印第安玉米地、城镇和像公园一样的狩猎场上长出来的。詹宁斯（我推荐读者重点阅读此书）补充说，北美不是处女地，而是遗孀。

18. 到1600年，秘鲁和墨西哥的人口分别下降到约100万，损失约95%。这个数字在18世纪开始略有恢复。据估计，在波托西（玻利维亚）持续的3个世纪的采矿过程中，有100多万安第斯山脉的印第安人葬身于此。他们是根据旧的印加劳动税被征召入伍的，没有获得任何回报。

19. 从卡哈马卡（Cajamarca）夺来的黄金重约7吨，库斯科的黄金则被掠夺走了3吨。科尔特斯从蒙特祖玛那里夺走了大约1吨黄金。在当代欧洲，黄金贵金属的真正价值，远远大于用重量衡量出来的价值。

20. 引自 *La Misère de la philosophie*（"Poverty of Philosophy"）, excerpted in T. B. Bottomore and Maximilien Rubel, eds., *Karl Marx: Selected Writings in Sociology and Social Philosophy* (Harmondsworth: Pelican, 1961), p. 138。

21. 1991年，史密森尼学会举办了一场名为"变革的种子"的重要展览。参见 Viola and Margolis, *Seeds of Change*，随附的书，其中包括 Alfred Crosby, William H. McNeill 和其他人的文章。马铃薯还有一个额外的优势，即它在寒冷的气候下生长良好，在战争时期也很难被抢走或破坏。在北欧，土豆提供的卡路里是黑麦的4倍。参见 William H. McNeill, "American Food Crops in the Old World"，同上，p. 45。McNeill忘记提到，在西非非常重要的木薯是在1600年以前从美洲引进的。美国的甘薯在东南亚广泛传播，包括中国和太平洋地区。玉米有一些缺点：它比小麦需要更多的水，而且除非与豆类搭配，否则营养不均衡。然而，到20世纪末，世界范围内玉米和马铃薯的产量已经接近小麦和水稻（同上，pp. 43–44）。

22. 在中世纪的大部分时间里，欧洲人都饱受饥荒之苦（除了黑死病后的几代人），但大多数人仍然与土地绑在一起。马铃薯对德国和俄罗斯的人口增长和工业化尤为重要。

23. 在西班牙和英国的殖民奴隶年代早期，也就是非洲奴隶贸易发展起来之前，印第安人也曾被从美洲贩卖到欧洲。但很多奴隶都在中途死亡，这种奴隶贸易因此失去了价值。

24. Viola and Margolis, *Seeds of Change* 也为读者做出了很好的解释。

25. 鸟粪是一种干燥的海鸟粪便，它们已经堆积在海岸外的荒岛深处。（鸟粪 "guano" 一词来源于克丘亚语中的 "*wanu*"，意思是粪便或粪肥。）在19世纪，这些鸟粪主要由英国的利益集团开采。矿工是囚犯和奴隶，包括数百名从复活节岛被绑架的人（参见本书第三章内容）。在20世纪早期，在密克罗尼西亚、巴纳巴和瑙鲁也发现了类似的鸟粪坑，现在也已经用尽了。

26. 参见 Manning, "The Oil We Eat," 其中对现代农业的隐性成本进行分析令人震惊。在前工业化文明中，80%到90%的人是农民。如今，在北美，只有2%的人在土地上工作。然而，如果将所有从事与农业相关的机械、石油、石化和货运行业的人都包括在内，粮食生产的真实人数就会高得多。Tim Appenzeller, "The End of Cheap Oil," *National Geographic*, June 2004, pp. 80–109, gives a good overview of the fossil-energy predicament.

27. McNeill, "American Food Crops," p. 59.

28. 古代社会已经发展了多种机械，比如泵。发明家希罗在托勒密时代发明了一种基本的蒸汽轮机，大概在当时更多地被看成是一个新奇的玩具，就像中美洲的轮式玩具或达·芬奇的发明一样；在公元前的第一个千年里，中国就开始用燃煤高炉铸铁，而欧洲的中世纪也比人们普遍认为的更有创造力，但直到1492年之后，这些技术才被真正推广，展现出它们的惊人作用。

29. 他的畅销书《印加王室评论》于1609年出版西班牙语版本，1688年出版英语版本，之后又被陆续翻译成其他几种语言。

30. 对于Adair的引文，和更多关于切罗基人和易洛魁人的内容，参见Wright, *Stolen Continents*, chaps. 4 and 5. 在富兰克林时代后的一个世纪，恩格斯也同样对易洛魁人印象深刻，他注意到了性别之间的权力平衡（同上，p. 117）。

31. 30米。

32. 在埃尔南多·德·索托（Hernando de Soto）的领导下，西班牙人在整个东南部都看到了这类社会，而法国人在密西西比河上也发现了同样发达的等级制度。在现在的圣路易斯附近的卡霍基亚，人们仍然可以看到令人印象深刻的瓦制金字塔，还有亚特兰大附近的埃托瓦（Etowah），以及其他几个东部地点。

33. 包括英国在内的欧洲国家，自1000年前低调建立以来，变得比任何时候都更加民主——但仅仅适用于国内，而在广大的帝国殖民地就不是这样了。

34. 参见Fukuyama, *The End of History*。

35. 出版于1898年。Wells把这个故事写成了讽刺作品，因为伟大的殖民者（处于帝国鼎盛时期的英国人）突然发现自己被太空征服者所超越。他决定给它一个幸福的结局：人类入侵者已经对细菌产生了免疫，而火星人受到了它们的侵袭。

36. 蛇诱惑夏娃吃下智慧之果（或生命之果）时说，这样"你们的眼睛就会变得明亮，就像神一样"。

37. 《波波尔·乌》是用罗马字母书写的基切语，来自16世纪的危地马拉高地，其中讲述了包括古典时期的神话。其中一部分可能是从前哥伦布时期的象形文字中转录而来的。人们普遍认为，"工具的反抗"寓言是对9世纪玛雅文明衰落的反映，也是给后人的警告。

38. Delia Goetz, Sylvanus Morley, and Adrián Recinos, trans., *Popol Vuh: The Sacred Book of the Ancient Quiché Maya* (Norman: University of Oklahoma, 1950), pp. 91–92.另一个比较好的译本也可参见Dennis Tedlock, *Popol Vuh* (New York: Simon and Schuster, 1985)。

39. 出自狄更斯在《艰难时世》中对"焦炭城"的描写："这是一个有机器和高烟囱的小镇，似毒蛇一般的黑烟无穷无尽。这里有条黑色的运河，都是紫色的有巨大异味的染料，河边有成群的建筑和成片的窗户，机器轰鸣一整天，蒸汽机的活塞单调地上下工作着，像一头忧郁的大象在不停点头。街道全都长得一样，居住的人也长得一样，每天在同一时间出门，走在相同的道路上，去做相同的工作，对他们来说，昨天、今天、明天——全都一个样。"

40. 引自 *Coningsby*, published in 1844。

41. 1890年，欧洲列强在武器上的年度支出为1.58亿英镑，1910年为2.88亿英镑，1914年为3.97亿英镑 [参见Eric Hobsbawm, *The Age of Empire,* 1875–1914 [New York: Random House, 1987], p. 350)。Ibsen的 *An Enemy of the People*，是1882年上演的一部关于水污染和腐败的公民行为的戏剧，是最早的环保主义者的作品之一。

42. 有些人估计第一次世界大战的死亡人数在1500万到2000万之间。而流感大流行——可能在战壕和战地医院酝酿并传播——又造成全球2000万至4000万人死亡。

43. 据估计，两次世界大战中的死者，包括饥荒、大屠杀和被迫害的受害者，数量高达1.87亿。参见 Martin Rees, *Our Final Century: Will the Human Race Survive the Twenty-first Century?* (London: Heinemann, 2003), p. 25。这本书在北美出版时名为 *Our Final Hour*。

44. 疯牛病的学名是牛海绵状脑病，或BSE。目前清楚的是，人类可能因食用受污染的肉而感染此病。

45. Wright, *A Scientific Romance*, chap. 4.

46. 4.5米。

47. 来自法新社的一篇报道，*Globe and Mail* on March 24, 2004。

48. Margaret Atwood, *Oryx and Crake* (Toronto: McClelland and Stewart, 2003), chap. 6.

49. 美国人似乎至少每代人都会选举一个这样的人当总统。就像布什拒绝签署《京都议定书》一样，里根也拒绝签署《国际海洋法条约》，致使海上一直存在不安全的油轮、有毒倾倒、过度捕捞，以及剥削船员等行为。

50. 自1945年以来，这两个超级大国对环境造成的最严重的破坏，大多是由冷战时期的军备竞赛造成的。如果没有这些，两个国家可能会更善待周围的环境（和他们的民众）。恩格斯曾提到，"资本、劳动力和科学利用土地可以无限地提高土地的生产力"（引自 Ponting, *Green History*, p. 158），这一观点可能轻轻松松就被一个资本主义者提出了。但这种盲目的乐观主义，诞生于自然仍然广袤，而人类对自然的影响还不到现在的1/50的19世纪，目前看来显然已经不适用了。

51. 落基山湖泊中的农药污染比喷洒了农药的大草原更严重，两极地区也是如此。污染物弥漫在大气中，并在寒冷的、"原始"的地方凝结。

52. Tainter, *Complex Societies*, p. 214.泰恩特是一个考古学家。有人可能会讽刺说，他的眼睛一直紧紧地盯着后视镜，因为这些人总觉得现代是一个例外，旧的规则不适用于我们，因此根本不信发展会有极限。但是，越来越多的科学家已经开始相信并认同考古学家、生态学家和讽刺文学家的担忧。

53. 据媒体报道，这篇报道是由五角大楼的长期顾问安德鲁·马歇尔（Andrew Marshall）委托撰写的。自里约峰会以来，20世纪90年代已经超过了80年代，成为有记录以来最热的10年，而2003年的欧洲夏季则是有史以来最热的10年。

54. Rees, *Our Final Century*, pp. 8, 24.他补充说："我们的选择和行动可以确保生命的永恒未来……或者相反，通过恶意的意图，或者通过错误的冒险，21世纪的技术可能会危及生命的潜力。"里斯尤其担心潜在的流氓科技，如生物工程、纳米技术、控制论，以及在物理学前沿进行的某些"世界末日"实验。作为一名天文学家，他主张尽快在太空中建立一个小的人类领地，如果出现问题，给智能生命第二次机会。但如果我们毁灭了地球，我们还称得上是智者吗？我们凭什么再得到一次机会呢？

55. 根据对美国和苏联关于1962年古巴导弹危机信息的解密，以及卷入其中的人物所作陈述，世界比人们想象的更接近核战争。时任美国国防部长罗伯特·麦克纳马拉（Robert McNamara）写道："当时我们根本没有意识到，世界已经千钧一发。"参见同上，pp. 25–28。

56. 根据美国有争议的法律裁决，生物技术和农业综合企业获得了他们声称是"发明"的作物（甚至动物）的专利。事实上，自史前时代以来，就再也没有一种新的主食从野生植物中发展出来了。

我们所有的作物科学——无论是选择性育种还是基因操纵——都仅仅是依靠古代文明的工作。这些企业的研究应该得到回报，但如果要赋予这些古代作物私有产权，那么就应该把"专利费"支付给真正发明者的继承人——目前仍在生活中苦苦挣扎的农民，他们可比孟山都公司更需要现金。那些贫穷的国家对于富裕国家不遗余力地推广杂交作物和转基因作物的动机很是怀疑，因为这些作物的推广与种植有可能污染和破坏仍然存在于农业古老中心地带的粮食作物多样性。

57. 美国前国务卿科林·鲍威尔（Colin Powell）曾说过艾滋病的威胁比恐怖主义大得多。

58. 因为母亲在怀孕期间缺碘。（这些数据来自渥太华的微量营养素倡议组织，报告见"'Hidden Hunger' Weakens Physical, Economic Health," André Picard, *Globe and Mail*, March 25, 2004。)关于水污染的死亡人数的统计数据来自Ponting, *Green History*, p. 351。

59. 数字包括在两次世界大战和俄国革命中丧生的人数。

60. 其中许多政策是在凯恩斯的影响下，从1944年布雷顿森林协议中发展而来。早期的社会保障网已经到位，比较著名的是罗斯福新政。战后时期，从20世纪50年代到70年代，被历史学家霍布斯鲍姆在其20世纪的地方调查中称为"黄金时代"，见 *The Age of Extremes: A History of the World 1914–1991* (London: Michael Joseph, 1994)。

61. John Kenneth Galbraith, *speaking at the Havard club*, Toronto, 1994。

62. 尤其是自从1929年华尔街股市崩盘以来。关于当时的大萧条情况最好的描述见James Agee 和 Walker Evans 的 *Let Us Now Praise Famous Men*(New York: Ballantine, 1966)。

63. 从1950年到20世纪70年代末，乞丐和无家可归者在第一世界几乎不为人所知。放松管制的主要后果是社会达尔文主义的回归——维多利亚时代晚期对进化思想的歪曲，声称穷人贫穷是因为他们低等，而对人类进步最好的事情就是让他们死在街上。

64. 1900年，世界上仍然有未开发的森林和渔业，未开发的石油储备，未利用的水电潜力，以及大片农田。而20世纪最后的十年里，人均农业用地减少了20%。为了保持粮食产量，人们只能用工业技术维持耕地运作。地下水正在被污染和耗尽。在他1991年出版的书中，庞廷特别指出卢旺达是体现第一世界和第三世界鸿沟的一个例子，指出卢旺达人的平均收入是美国人平均收入的百分之一。三年后，近100万卢旺达人死于自第二次世界大战以来最严重的种族灭绝。通过计算死者占人口的比例，可以发现这相当于在美国屠杀了3500万人。也许，21世纪始于卢旺达，而不是美国。

65. 《联合国人类发展报告》，1998年9月9日。摘要参见*Daily Telegraph*，September 10, 1998。这三人分别是比尔·盖茨（微软）、海伦·沃尔顿（沃尔玛）和沃伦·巴菲特（投资者），分别有510亿美元、480亿美元和330亿美元的个人资产。该报告估计，一个在美国、英国或法国出生的孩子，其一生的消费和污染比在贫困国家生活的50多名儿童加起来的还要多。报告还估计，在1998年，只需要400亿美元就可以为世界上最贫穷的公民提供基本的卫生、教育、干净的水和卫生设施，仅盖茨一个人的财富就完全负担得起，还会剩下110亿美元，哪怕是在这种情况下，他的资产也比1亿最贫穷的美国人的财产总和还要多。其他资料显示，在美国国内，首席执行官和车间工人的工资比例已经从20世纪70年代末的39∶1飙升到今天的1000∶1左右。参见 John Ralston Saul, "The Collapse of Globalism," *Harper's*, March 2004, p. 38，以及 *The Unconscious Civilization* (Toronto: Anansi, 1995), p. 14。

66. 《联合国人类发展报告》。

67. 有时，"好的"环境政策可能会适得其反。巴西科学家报告称，仅在2003年，亚马孙雨林就失去了9300平方英里（24000平方千米）。这在很大程度上是为了开垦新的土地来饲养牛，种植大豆，以满足（主要是欧洲）人们日益高涨的对非转基因食品的需求（BBC World News, April 8, 2004）。

68. 布什政府达到天文数字的财政赤字似乎涉及了削弱美国政府在除军事以外的所有领域的实力。如果这种情况继续下去，其结果将是使美国更像拉丁美洲，在那里，军队往往是唯一有效的公共机构。

69. 詹姆斯·瓦特（James Watt）在1981年的讲话。如上所述，社会达尔文主义声称穷人是低等的，而对人类进步最好的事情就是让他们死去。

70. 布什的司法部长约翰·阿什克罗夫特（John Ashcroft）曾说过："在美国，除了耶稣，没有国王，只有耶稣。"参见 Lewis Lapham, "Reading the Mail," *Harper's*, November 2003, p. 9。

71. Crosby, *Ecological Imperialism*, p. 92.见Laurie Garrett, *The Coming Plague: Newly Emerging Diseases in a World Out of Balance* (New York: Penguin, 1994)，这是一份关于潜在医疗灾难的调查。

Adams, Robert McCormick. *The Evolution of Urban Society: Early Mesopotamia and Prehispanic Mexico*. London: Weidenfeld and Nicholson, 1966.

————. *Heartland of Cities: Surveys of Ancient Settlement and Land Use on the Central Floodplain of the Euphrates*. Chicago: University of Chicago Press, 1981.

Agee, James, and Walker Evans. *Let Us Now Praise Famous Men*. New York: Ballantine, 1966. First published in 1939.

Allchin, Bridget, and Raymond Allchin. *The Birth of Indian Civilization*. Harmondsworth, UK: Pelican, 1968.

Alley, Richard. *The Two-Mile Time Machine: Ice Cores, Abrupt Climate Change, and Our Future*. Princeton, NJ: Princeton University Press, 2000.

Appenzeller, Tim. "The End of Cheap Oil." *National Geographic*, June 2004, 80–109.

Arens, W. *The Man-Eating Myth: Anthropology and Anthropophagy*. New York: Oxford University Press, 1979.

Atwood, Margaret. *The Handmaid's Tale*. Toronto: McClelland and Stewart, 1985.

————.*Oryx and Crake*. Toronto: McClelland and Stewart, 2003.

Bahn, Paul, and John Flenley. *Easter Island, Earth Island*. London: Thames and Hudson, 1992.

Bolin, Inge. "Our Apus Are Dying!: Glacial Retreat and Its Consequences for Life in the Andes." Paper presented at the American Anthropological Association meetings, Chicago, Illinois, November 19, 2003.

Bottomore, T. B., and Maximilien Rubel, eds. *Karl Marx: Selected Writings in Sociology and Social Philosophy*. Harmondsworth, UK: Pelican, 1961.

Braudel, Fernand. *The Structures of Everyday Life*. New York: Harper and Row, 1981.

―――. *The Wheels of Commerce: Civilization and Capitalism 15th–18th Century*. New York: Harper and Row, 1982.

Braun, Barbara. *Pre-Columbian Art and the Post-Columbian World: Ancient American Sources of Modern Art*. New York: Abrams, 1993.

Brody, Hugh. *The Other Side of Eden: Hunters, Farmers and the Shaping of the World*. Vancouver: Douglas and McIntyre, 2000.

Brotherson, Gordon. *Book of the Fourth World: Reading the Native Americas through Their Literature*. Cambridge: Cambridge University Press, 1992.

Butler, Samuel. *Erewhon*. 1872. Reprint, Harmondsworth, UK: Penguin, 1970.

Chang Kwang-Chih. *Early Chinese Civilization: Anthropological Perspectives*. Cambridge, MA: Harvard University Press, 1976.

Childe, Gordon. *New Light on the Most Ancient East*. London: Routledge and Kegan Paul, 1954.

―――. *What Happened in History*. Harmondsworth, UK: Pelican, 1964.

Chua, Amy. *World on Fire: How Exporting Free Market Democracy Breeds*

Ethnic Hatred and Global Instability. New York: Anchor, 2004.

Clarke, Peter. *Hope and Glory: Britain 1900–1990*. London: Penguin, 1996.

Clendinnen, Inga. *Aztecs: An Interpretation*. Cambridge: Cambridge University Press, 1991.

―――. *Reading the Holocaust*. Melbourne: Text, 1998.

Coe, Michael D. *The Maya*. London: Thames and Hudson, 1987.

―――. *Breaking the Maya Code*. London: Thames and Hudson, 1992.

Coetzee, J. M. *Waiting for the Barbarians*. London: Penguin, 1982.

Cohen, Mark Nathan. *The Food Crisis in Prehistory: Overpopulation and the Origins of Agriculture*. New Haven, CN: Yale University Press, 1977.

Conrad, Geoffrey W., and Arthur A. Demarest. *Religion and Empire*. Cambridge: Cambridge University Press, 1984.

Conrad, Joseph. *The Secret Agent*. Harmondsworth, UK: Penguin, 1936. Originally published in 1907.

Crosby, Alfred. *The Columbian Exchange: Biological and Cultural Consequences of 1492*. Westport, CN: Greenwood Press, 1972.

―――. *Ecological Imperialism: The Biological Expansion of Europe 900–1900*. Cambridge: Cambridge University Press, 1986.

Culbert, T. Patrick, and Don S. Rice, eds. *Precolumbian Population History in the Maya Lowlands*. Albuquerque: University of New Mexico Press, 1990.

Daniel, Glyn. *The Idea of Prehistory*. Harmondsworth, UK: Pelican, 1962.

Davis, Wade. *One River: Explorations and Discoveries in the Amazon Rain Forest*. New York: Simon & Schuster, 1996.

Daws, Gavan. *A Dream of Islands*. Honolulu: Mutual Publishing, 1980.

Denevan, William. "The Pristine Myth: The Landscape of the Americas in 1492." In *The Americas Before and After Columbus*. Edited by Karl Butzer. Oxford: Blackwell, 1992.

Diamond, Jared. *Guns, Germs, and Steel: The Fates of Human Societies*. New York: W. W. Norton, 1997.

Dickens, Charles. *Hard Times*. Harmondsworth, UK: Penguin, 1969. Originally published in 1854.

Dillehay, Tom D., ed. *Monte Verde: A Late Pleistocene Settlement in Chile*. Washington, DC: Smithsonian Books, 1989.

Edwards, Clinton R. "Possibilities of Pre-Columbian Maritime Contacts among New World Civilizations." In *Pre-Columbian Contact within Nuclear America*. Edited by J. C. Kelley and C. L. Riley. Carbondale: University Southern Illinois University Press, 1969.

Eiseley, Loren. *The Invisible Pyramid*. New York: Scribner's, 1970.

———. *The Star Thrower*. New York: Harcourt Brace Jovanovich, 1978.

Fisher, W. B. *The Middle East: A Physical, Social and Regional Geography*. London: Methuen, 1978.

Flannery, Tim. *The Future Eaters: An Ecological History of the Australasian Lands and People*. New York: Braziller, 1995.

Fowler, Melvin. "A Pre-Columbian Urban Center on the Mississippi." *Scientific American* 23, no. 2 (August 1975): 92–101.

Frye, Northrop. "Humanities in a New World." In *Three Lectures* by Northrop Frye, Clyde Kluckhohn, and V. B. Wigglesworth. Toronto: University of Toronto Press, 1958.

Fukuyama, Francis. *The End of History and the Last Man*. New York: Free Press, 1992.

Galeano, Eduardo. "Did History Lie When It Promised Peace and Progress?" In *Guatemala in Rebellion: Unfinished History*. Edited by Jonathan Fried et al. New York: Grove, 1983.

Garrett, Laurie. *The Coming Plague: Newly Emerging Diseases in a World Out of Balance*. New York: Penguin, 1994.

Gibbon, Edward. *The History of the Decline and Fall of the Roman Empire*. London: Folio Society, 1995. Originally published in 1776.

Goetz, Delia, Sylvanus Morley, and Adrián Recinos, trans. *Popol Vuh: The Sacred Book of the Ancient Quiché Maya*. Norman: University of Oklahoma, 1950.

Golding, William. *The Inheritors*. London: Faber and Faber, 1955.

———. *Pincher Martin*. London: Faber and Faber, 1956.

Gorst, Martin. *Measuring Eternity: The Search for the Beginning of Time*. New York: Broadway Books, 2001.

Goudie, Andrew. *The Human Impact on the Natural Environment*. Oxford: Blackwell, 2000.

Grady, Wayne. *The Quiet Limit of the World: A Journey to the North Pole to Investigate Global Warming*. Toronto: Macfarlane Walter and Ross, 1997.

Harlan, Jack R. *Crops and Man*. Madison, WI: American Society of Agronomy: Crop Science Society of America, 1992.

Harth, Erich. *Dawn of a Millennium: Beyond Evolution and Culture*. London: Penguin, 1990.

Heintzman, Andrew, and Evan Solomon, eds. *Fueling the Future: How the*

Battle Over Energy Is Changing Everything. Toronto: Anansi, 2003.

Hemming, John. *The Conquest of the Incas*. Harmondsworth, UK: Penguin, 1983.

Henry, Donald, et al. "Human Behavioral Organization in the Middle Paleolithic: Were Neanderthals Different?" *American Anthropologist* 106, no. 1 (March 2004): 17–31.

Heyerdahl, Thor. "Guara Navigation: Indigenous Sailing off the Andean Coast." *Southwestern Journal of Anthropology* 13, no. 2 (1957).

———. *Sea Routes to Polynesia*. London: Allen and Unwin, 1968. Heyerdahl, Thor, and Arne Skjolsvold. "Archaeological Evidence of Pre-Spanish Visits to the Galápagos Islands." *Memoirs of the Society for American Archaeology*, no. 12 (1956).

Hoban, Russell. *Riddley Walker*. London: Jonathan Cape, 1980.

Hobsbawm, Eric. *The Age of Empire, 1875–1914*. New York: Random House, 1987.

———. *The Age of Extremes: A History of the World 1914–1991*.

London: Michael Joseph, 1994.

Homer-Dixon, Thomas. *The Ingenuity Gap: How Can We Solve the Problems of the Future?* Toronto: Knopf, 2000.

Hosler, Dorothy. "Ancient West Mexican Metallurgy: South and Central American Origins and West Mexican Transformations." *American Anthropologist* 90, no. 4 (1988): 832–55.

Howells, William. *Mankind in the Making: The Story of Human Evolution*. London: Secker and Warburg, 1960.

Huxley, Aldous. *Brave New World*. London: Chatto and Windus, 1932.

———. *Beyond the Mexique Bay*. London: Paladin, 1984.

Originally published in 1934.

Ibsen, Henrik. *An Enemy of the People*. Translated by Arthur Miller. New York: Penguin Books, 1979. Originally pub- lished in 1882.

Jacobs, Jane. *The Economy of Cities*. New York: Random House, 1969.

———. *Dark Age Ahead*. Toronto: Random House, 2004.

Jay, Nancy. *Throughout Your Generations Forever: Sacrifice, Religion, and Paternity*. Chicago: University of Chicago Press, 1992.

Jennings, Francis. *The Invasion of America: Indians, Colonialism, and the Cant of Conquest*. New York: W. W. Norton, 1976.

Kelley, David H. *Deciphering the Maya Script*. Austin: University of Texas, 1976.

Kolata, Alan. *Tiwanaku and Its Hinterland: Archaeology and Paleoecology of an Andean Civilization*. Washington, DC: Smithsonian Books, 1996.

Lanning, Edward. *Peru before the Incas*. Englewood Cliffs, NJ: Prentice-Hall, 1967.

Lapham, Lewis. "Reading the Mail." *Harper's*, November 2003, 9–11.

Leakey, Richard, and Roger Lewin. *Origins Reconsidered: In Search of What Makes Us Human*. New York: Doubleday, 1992.

Lee, Richard. *The Dobe !Kung*. New York: Holt Rinehart and Winston, 1984.

Leslie, John. *The End of the World: The Science and Ethics of Human Extinction*. London: Routledge, 1998.

Limerick, Patricia Nelson. *Something in the Soil: Legacies and Reckonings in the New West*. New York: W. W. Norton, 2000.

Lindqvist, Sven. *Exterminate All the Brutes*. Translated by Joan Tate. London: Granta Books, 1996.

Livingston, John A. *Rogue Primate: An Exploration of Human Domestication*. Toronto: Key Porter, 1994.

Lovell, W. George. *Conquest and Survival in Colonial Guatemala: A Historical Geography of the Cuchumatán Highlands 1500–1821*, 2nd ed. Montreal: McGill-Queen's University Press, 1992.

———. *A Beauty That Hurts: Life and Death in Guatemala*. Austin: University of Texas Press, 2000.

Lovell, W. George, and Christopher H. Lutz. *Demography and Empire: A Guide to the Population History of Spanish Central America, 1500–1821*. Boulder, CO: Westview, 1995.

Lovell, W. George, and David Cook Noble, eds. *Secret Judgments of God: Old World Disease in Colonial Spanish America*. Norman: University of Oklahoma Press, 1992.

Lynas, Mark. *High Tide: News from a Warming World*. London: Flamingo, 2004.

MacMillan, Margaret. *Paris 1919: Six Months That Changed the World*. New York: Random House, 2001.

Mallowan, M. E. L. *Early Mesopotamia and Iran*. London: Thames and Hudson, 1965.

Malthus, Thomas. *An Essay on the Principle of Population*. Edited by Anthony Flew. London: Penguin, 1970. Originally published in 1798 and 1830 (revised).

Mann, Charles. "1491." *Atlantic Monthly*, March 2002, 41–53. Manning, Richard. "The Oil We Eat." *Harper's*, February 2004, 37–45.

Martin, Paul S. "Prehistoric Overkill: The Global Model." In *Quaternary Extinctions: A Prehistoric Revolution*. Edited by Paul S. Martin and Richard G. Klein. Tucson: University of Arizona Press, 1984.

Marx, Karl. *Karl Marx: Selected Writings in Sociology and Social Philosophy*. Edited by T. B. Bottomore and Maximilien Rubel. Harmondsworth, UK: Pelican, 1961.

McKibben, Bill. *The End of Nature*. New York: Random House, 1989.

McNeill, William H. *Plagues and Peoples*. New York: Anchor, 1976.

Mellaart, James. *Earliest Civilizations of the Near East*. London: Thames and Hudson, 1965.

———. *Çatal Hüyük: A Neolithic Town in Anatolia*. London: Thames and Hudson, 1967.

Menchú, Rigoberta. *I, Rigoberta Menchú: An Indian Woman in Guatemala*. Translated by Ann Wright. London: Verso, 1984.

Millones, Luis. "The Time of the Inca: The Colonial Indians' Quest." *Antiquity* no. 66 (1992): 204–16.

Mitchell, Alanna. *Dancing at the Dead Sea: Tracking the World's Environmental Hotspots*. Toronto: Key Porter, 2004.

Mitchell, Timothy. "The Object of Development: America's Egypt." In Jonathan Crush, ed., *The Power of Development*. London: Routledge, 1995.

Mittelstaedt, Martin. "Some Like It Hot." *Globe and Mail*, April 17, 2004.

———. "The Larder Is Almost Bare." *Globe and Mail*, May 22, 2004.
Moseley, Michael E. *The Incas and Their Ancestors: The Archaeology of Peru*. London: Thames and Hudson, 1992.

Mowat, Farley. *Sea of Slaughter*. Toronto: McClelland and Stewart, 1984.

National Research Council. *Lost Crops of the Incas*. Washington, DC: National Academy Press, 1989.

Newhouse, John. *Imperial America: The Bush Assault on the World Order*. New York: Knopf, 2003.

Nikiforuk, Andrew. *The Fourth Horseman: A Short History of Epidemics, Plagues, Famine, and Other Scourges*. Toronto: Viking, 1991.

Oppenheim, A. Leo. *Ancient Mesopotamia: Portrait of a Dead Civilization*. Rev. ed. Chicago: University of Chicago Press, 1977.

Orliac, Catherine, and Michel Orliac. *Easter Island: Mystery of the Stone Giants*. Translated by Paul G. Bahn. New York: Abrams, 1995.

Orwell, George. *Nineteen Eighty-four*. London: Secker and Warburg, 1949.

Ovid (Publius Ovidius Naso). *Amores*. Translated by Guy Lee. London: John Murray, 1968. Republished in 2000 as *Ovid in Love*.

Pardo, Luis A., ed. *Saqsaywaman* no. 1 (July 1970): 144.

Pizarro, Pedro. *Relación del Descubrimiento y Conquista de los Reinos del Perú*. Edited by Guillermo Lohmann Villena. Lima: Universidad Católica, 1986. Originally written in 1571.

Pollard, Sidney. *The Idea of Progress: History and Society*.

London: C. A. Watts, 1968.

Ponting, Clive. *A Green History of the World: The Environment and the Collapse of Great Civilizations*. London: Sinclair- Stevenson, 1991.

Redman, Charles. *Human Impact on Ancient Environments*.

Tucson: University of Arizona Press, 1999.

Rees, Martin. *Our Final Century*. London: William Heinemann/Random House, 2003. Published in North America as *Our Final Hour*.

Roggeveen, Jacob. *The Journal of Jacob Roggeveen*. Translated and edited by Andrew Sharp. Oxford: Clarendon Press, 1970.

Routledge, Katherine S. *The Mystery of Easter Island*. London: Sifton, Praed and Co., 1919.

Safdie, Moshe. *The City After the Automobile: An Architect's Vision*. Toronto: Stoddart, 1997.

Safina, Carl. *Song for the Blue Ocean: Encounters Along the World's Coasts and Beneath the Seas*. New York: Henry Holt/John Macrae, 1997.

Sahlins, Marshall David. *Stone Age Economics*. London: Tavistock Publications, 1972.

Sandars, N. K., trans. *The Epic of Gilgamesh*. Harmondsworth, UK: Penguin, 1972.

Saul, John Ralston. *The Unconscious Civilization*. Toronto: Anansi, 1995.

———. "The Collapse of Globalism." *Harper's*, March 2004, 33–43.

Scarre, Chris. *Past Worlds: The Times Atlas of Archaeology*.

London: Times Books, 1988.

Schele, Linda, and David Freidel. *A Forest of Kings: The Untold Story of the Ancient Maya*. New York: Morrow, 1990.

Schumacher, E. F. *Small Is Beautiful: A Study of Economics As If People Mattered*. London: Abacus, 1973.

Sharer, Robert J. *The Ancient Maya*. Stanford, CA: Stanford University Press, 1994.

Stanish, Charles. *Ancient Titicaca: The Evolution of Complex Society in Southern Peru and Northern Bolivia*. Princeton, NJ: Princeton University Press, 2004.

Steadman, David. "Prehistoric Extinctions of Pacific Island Birds." *Science* no. 267 (February 1995): 1123–31.

Stringer, Christopher, and Robin McKie. *African Exodus: The Origins of Modern Humanity*. New York: Henry Holt/John Macrae, 1997.

Tainter, Joseph A. *The Collapse of Complex Societies*. Cambridge: Cambridge University Press, 1988.

Tattersall, Ian. *The Last Neanderthal: The Rise, Success, and Mysterious Extinction of Our Closest Human Relatives*. New York: Westview Press, 1999.

Tedlock, Barbara. *Time and the Highland Maya*. Albuquerque: University of New Mexico Press, 1982.

Thompson, J. Eric S. *The Rise and Fall of Maya Civilization*.

London: Pimlico, 1993. Originally published in 1954.

———. *Maya Hieroglyphic Writing*. Norman: University of Oklahoma Press, 1971.

Thoreau, Henry David. *Walden: Or, Life in the Woods*. New York: New American Library/Signet, 1960. Originally pub- lished in 1854.

Trigger, Bruce. *Early Civilizations: Ancient Egypt in Context*.

Cairo: American University in Cairo Press, 1993.

Trinkaus, Erik, and Pat Shipman. *The Neanderthals: Changing the Image of Mankind*. New York: Knopf, 1993.

Tudge, Colin. *So Shall We Reap*. London: Allen Lane, 2003.

Viola, Herman, and Carolyn Margolis, eds. *Seeds of Change: A Quincentennial Commemoration*. Washington, DC: Smithsonian Institution Press, 1991.

Waldman, Carl. *Atlas of the North American Indian*. New York: Facts on File, 1985.

Watson, William. *China*. London: Thames and Hudson, 1961. Weatherford, Jack. *Indian Givers: How the Indians of the Americas Transformed the World*. New York: Crown, 1988.

———. *Native Roots: How the Indians Enriched America*. New York: Crown, 1991.

Webster, David. *The Fall of the Ancient Maya: Solving the Mystery of the Maya Collapse*. London: Thames and Hudson, 2002.

Wells, H. G. "The Grisly Folk." *Selected Short Stories*. London: Penguin, 1958.

Wells, H. G., Julian S. Huxley, and G. P. Wells. *The Science of Life*. New York: Doubleday, 1929.

Wenke, Robert J. *Patterns in Prehistory*. Oxford: Oxford University Press, 1980.

Wheatley, Paul. *The Pivot of the Four Quarters: A Preliminary Enquiry into the Origins and Character of the Ancient Chinese City*. Edinburgh: Edinburgh University Press, 1971.

White, Lynn. "The Historical Roots of Our Ecologic Crisis."

Science 155, no. 3767 (March 1967): 1203–1207.

Wilson, J. A. "Egypt through the New Kingdom: Civilization without Cities." In *City Invincible*. Edited by C. H. Kraeling and Robert McCormick Adams. Chicago: University of Chicago Press, 1960.

Wright, Ronald. *Time Among the Maya*. London: Bodley Head, 1989.

———. *Stolen Continents: Conquest and Resistance in the Americas.* Boston: Houghton Mifflin, 1992.

———. *A Scientific Romance*. London: Anchor, 1997.

———. "Civilization Is a Pyramid Scheme." *Globe and Mail,* August 5, 2000.

———. "All Hooked Up to Monkey Brains." *Times Literary Supplement*, May 16, 2003.

Wyndham, John. *The Day of the Triffids*. London: Michael Joseph, 1951.

———. *The Chrysalids*. London: Michael Joseph, 1955.